これで安心！税務調査
相続税調査の
手続と対応

税理士
加地宏行
吉村政勝 共著

清文社

は　じ　め　に

　平成23年12月に、納税環境整備に関する国税通則法の改正を含む「経済社会の構造の変化に対応した税制の構築を図るための所得税法等の一部を改正する法律」が成立し、同年12月2日に公布されました。

　この改正により、調査手続の透明性と納税者の方の予見可能性を高めるなどの観点から、税務調査手続について現行の運用上の取扱いが法令上明確化されるとともに、全ての処分に対する理由附記の実施及び記帳義務の拡大等が定められ、税務調査手続の法定化及び理由附記の実施に係る規定については、平成25年1月1日から施行されることとされました。

　そこで、本書では、新しい制度のもとで行われることとなった税務調査について、納税者の立場からと課税庁の立場からと両方の観点にたって、日常実務で得た知識と経験をもとに、相続税の税務調査への対応のための入門書として、わかりやすく解説することを試みました。

　具体的には、第1章から第3章では、国税通則法の改正による新時代の税務調査について、平成24年度の税務当局の基本的な考え方を知っていただき、改正による税務調査の手続き及び手法について簡潔に解説してあります。

　第4章では、調査担当者が行う質問及び検査方法から対応の仕方についてわかりやすく解説してあります。

　第5章では相続財産の判定のうちいわゆる名義預金のポイントについて、第6章では相続財産別の調査の傾向と対策について、第7章では税務調査のイメージについて解説してあります。

人生の中で経験することが少なく、臨時・偶発的に発生するといわれる資産課税関係の中でも特に相続税の申告は、納税者にとっても、税理士にとってもなじみが薄く、申告手続きもわかりにくいとの印象を持たれているようです。

　本書を皆様のお手元に置いていただき、税務調査に対する理解を深めていただくとともに、正しい申告をしていただくためにお役に立てれば幸いです。

　最後になりましたが、この執筆にあたって大変ご苦労をおかけしました吉村政勝先生には、心により感謝の言葉とお労いのお言葉を送りたいと思います。

　また、本書の編集にあたって清文社編集部の皆様には多大なご助力をいただきました。この場をお借りして御礼を申し述べます。

　平成25年1月

加地　宏行

目次

相続税調査の手続と対応

第1章 新時代の税務調査の基礎知識

1 税務当局の基本的考え方 ……………………………………… 3
2 税務調査の実態はどうなっている ……………………………… 8
- 1 税務調査手続の見直し ……………………………………… 9
- 2 税務職員の質問検査権関係の改正 ………………………… 12
- 3 物件の留置き手続の明確化について ……………………… 16
- 4 税務調査の事前通知について ……………………………… 18
- 5 税務調査の終了の際の手続について ……………………… 25
- 6 処分の理由附記について …………………………………… 28

3 なぜ税務調査が行われるのか ………………………………… 30
4 強制調査と任意調査とはどう違う …………………………… 31
- 1 任意調査 ……………………………………………………… 31
- 2 強制調査 ……………………………………………………… 32

5 税務調査の類型にはどんなものがあるのか ………………… 34
6 最近における相続税の税務調査の概要（特徴と傾向）…… 35
- 1 平成23年分の相続税の申告の状況について
  （平成24年12月・国税庁発表）……………………………… 35
- 2 平成23年度の相続税調査結果について …………………… 40

第2章 相続発生から税務調査までの流れ

1 相続発生から税務調査までの流れ……51
- 1 納税者（相続人）サイド……52
- 2 課税庁（税務署）サイド……62

第3章 相続税の税務調査の手法はこれだけある

1 税務調査の種類と内容……67

第4章 税務調査の対応の仕方

1 税務調査の対応の仕方……77
- 1 税務調査の「事前通知」があった場合……78
- 2 「調査日」当日の対応等……82

2 調査担当者が行う質問……88

3 調査担当者が行う検査項目及び検査方法等……90

第5章 相続財産の判定

1 家族名義の預貯金等の判定基準……97
- 1 相続財産と認定される場合……98
- 2 相続人の固有財産と認定される場合……99

2 相続財産の認定に関する裁判例……101

第6章 相続財産の種類別調査の傾向と対策

1 相続財産の種類別調査の傾向と対策 ……………………… 113
- 1 土地及び家屋等 ……………………………………………… 113
- 2 現金 …………………………………………………………… 114
- 3 預貯金 ………………………………………………………… 115
- 4 上場株式 ……………………………………………………… 116
- 5 非上場株式 …………………………………………………… 117
- 6 公社債等 ……………………………………………………… 117
- 7 貸付金 ………………………………………………………… 118
- 8 事業用資産 …………………………………………………… 119
- 9 立木 …………………………………………………………… 119
- 10 生命保険 ……………………………………………………… 120
- 11 退職手当金等 ………………………………………………… 121
- 12 美術品等 ……………………………………………………… 121
- 13 貴金属・宝石等 ……………………………………………… 122
- 14 金地金 ………………………………………………………… 123
- 15 その他の財産 ………………………………………………… 123
- 16 債務 …………………………………………………………… 124

2 国外財産調書制度の創設 …………………………………… 125
- 1 国外財産調書制度のあらまし ……………………………… 125
- 2 国外財務調書制度への税務当局の対応 …………………… 126

(3)

第7章 相続税調査のイメージ

1 調査事例1 ………………………………………………………… 133
2 調査事例2 ………………………………………………………… 134

第8章 相続税の基礎知識

1 相続税の概要 …………………………………………………… 139
2 相続税の申告 …………………………………………………… 141
3 相続税の納付 …………………………………………………… 156

参考資料

附録Ⅰ	「納税環境整備に関する国税通則法等の改正について（平成24年9月） ………………………………………… 163
附録Ⅱ	国税通則法第7章の2（国税の調査）関係通達（法令解釈通達） ……………………………………………………… 164
附録Ⅲ	税務調査の際の納税者および関与税理士に対する事前通知について ……………………………………………… 187
附録Ⅳ	調査手続の実施に当たっての基本的な考え方等について（事務運営指針） ……………………………………… 189
附録Ⅴ	税務調査手続等の先行目的取組の実施について（平成24年9月） ……………………………………………… 198
附録Ⅵ	税務調査手続に関するFAQ（一般納税者向け） …… 201
附録Ⅶ	税務調査手続に関するFAQ（税理士向け） ………… 218

（注）本書は、平成25年1月30日現在の法令等に基づいています。

第 1 章
新時代の税務調査の基礎知識

1 税務当局の基本的考え方

　国税庁が、各国税局長、沖縄国税事務所長宛に出した「調査手続の実施に当たっての基本的な考え方等について（事務運営指針）」によると、

第1章　基本的な考え方

　調査手続については、平成23年12月に国税通則法の一部が改正され、手続の透明性及び納税者の予見可能性を高め、調査にあたって納税者の協力を促すことで、より円滑かつ効果的な調査の実施と申告納税制度の一層の充実・発展に資する観点及び課税庁の納税者に対する説明責任を強化する観点から、従来の運用上の取扱いが法令上明確化されたところである。

　調査の実施に当たっては、今般の法改正の趣旨を踏まえ、「納税者の自発的な納税義務の履行を適正かつ円滑に実施する」との国税庁の使命を適切に実施する観点から、調査がその公益的必要性と納税者の私的利益との衡量において社会通念上相当と認められる範囲内で、納税者の理解と協力を得て行うものであることを十分認識したうえで、法令に定められた調査手続きを遵守し、適正かつ公平な課税の実現を図るよう努める。

（一部抜粋）

　となっており、これは、社会経済の構造の変化に対応した税制の構築を図るための所得税法等の一部を改正する法律の公布により国

税通則法の一部が改正され、国税通則法に、新たに第7章の2として、国税の調査に関する規定が設けられました。

　これに伴って、法令を遵守した適正な調査の遂行を図るために、調査手続の実施に当たっての基本的な考え方が、国税庁から各国税局長、沖縄国税事務所長宛に通達として示されたものです。

　課税庁としての調査に関する基本的な考え方は上に述べたとおりですが、具体的な調査となるとどのように行われるのでしょうか。

　それを理解するには、毎年国税局から出される「事務実施要領」を見るとよくわかります。

　この「事務実施要領」は、各税目（税目別事務）ごとに、国税局がその年において重点的に取り組む事務や、その事務の対象、各事務の進め方等が記載されており、これを理解することによって調査等がどのようにして行われるか、その概要が分かります。

　たとえば、大阪国税局の平成24事務年度の資産課税事務における「事務実施要領」によりますと、以下のように記載されています。

Ⅰ　平成24事務年度における資産課税事務運営の重点事項
1　基本的な考え方
　資産課税事務は、その所掌が相続税、贈与税、譲渡所得、山林所得等多税目にわたりかつ、臨時・偶発的に発生する事案を対象とすることから、事案の発生状況、各事務の所要事務量等を的確に把握した上、署の実情に応じて、税目ごとの各事務に適正な事務量を配分し、全体として最大限の効果が発揮できるよう努める。
　平成24事務年度においては、このような資産課税事務の特質

を踏まえつつ、的確な事務管理に基づく適切な事務運営に取り組む。

特に、法定化された税務調査手続等に適切に対応しつつ、納税者のコンプライアンスの維持・向上を図り、資産各税の適正・公平な課税の実現に努めていく必要があることから、①資産各税の内部事務の効率化を図り、調査事務量を最大限確保するとともに、②確保した調査事務量を税目間バランスに配意して適切に配分した上で、③これまで以上に調査効率を意識したメリハリのある調査事務運営を推進する。

　　　　　　　　　（一部省略）

6　調査事務の充実

資産課税事務の根幹である調査事務については、確保した調査事務量を最大限有効活用するため、次の事項に留意し、効果的・効率的に取り組むとともに、不正の事実を把握した場合には厳正な課税処理を行い、その充実に努める。

(1) 適切な調査事務運営

　イ　調査事務量の適正配分

　　調査事務量については、重点課題に係る必要な調査事務量を確保するとともに、相続税中心の調査体制の下、地価・株価動向等の社会・経済状況や資産各税の事案の発生状況を踏まえ、適切に各税目に配分する。

　ロ　調査対象事案の的確な選定等

　　調査対象事案については、各種資料情報を効果的に活用し、調査優先度を的確に見極めた上で選定するとともに、事案の態様に応じた適切な調査区分を決定する。

特に、短期間で処理が可能と認められる事案については、確実に短期実地調査に区分する。
　ハ　調査事務管理の徹底
　　　統括官等は、調査の進行管理に当たっては、大口・悪質事案に対する深度ある調査と納税者のコンプライアンス維持・向上の観点での調査を効果的に組み合わせて着手の指令を行う他、暫定日数指令方式による進行管理を徹底し、限られた調査事務量を適切に投下する。
　　　また、適正な手続にのっとった事務処理の徹底を図るとともに、調査経過や検討内容を確実に記録させるなど、きめ細かな調査事務管理を行う。
　ニ　組織力を生かした調査の実施
　　　資産課税部門全体の機能を最大限に発揮させるため、広域運営を行う調査特官、署国際税務専門官、資産機動官の積極的な活用や、部門の枠に捉われない調査部門チーフを軸とした調査事務運営への取組など、組織力を生かした調査を実施する。
　　　また、関係個人や法人を含めた調査が必要な事案に対しては、積極的に連携調査又は署総合調査に取り組む。
　ホ　資料情報事務の充実
　　　資料情報は、臨時・偶発的に発生する資産課税事案の適正課税実現のためのみならず、全税目的観点からも必要不可欠であることから、職員全員が資料情報の重要性を認識し、あらゆる機会を通じて有効性の高い資料情報の収集に取り組む。

特に、個人の保有資産に関する資料情報は、将来における相続税の適正課税実現のために重要であることから、積極的な収集・蓄積に努める。

また、他系統部門に対しては資料情報会議等を通じ、資産蓄積資料の収集と調査選定等への活用を積極的に働き掛ける。

ヘ　調査審理の充実

厳正かつ的確な課税処理を行うためには、課税要件を充足する証拠書類の収集・保全と的確な事実認定が必要不可欠である。

このため、事案に応じて調査着手前（準備調査）あるいは着手後早期の段階から審理担当者及び署審理専門官を参画させ、審理面から多角的な検討を行う。

なお、争訟が見込まれる事案については、審理担当者及び署審理専門官との速やかな協議等を通じて原処分の段階から争訟を見据えた十分な法令面の検討、争訟の維持に向けた十分な証拠の収集等に取り組むとともに、局資産課税課と協議の上、処理方針を決定する。

また、職員全体の調査審理能力の向上のため、実際の調査事例、裁決事例等を題材とした、より実践的な署集合研修等を実施するよう努める。

ト　書面添付制度への適切な対応

書面添付制度については、税務執行の円滑化に寄与し、納税者全体のコンプライアンスの維持・向上に資することから、その趣旨・目的を踏まえ、適正に運用する。

特に、申告内容に疑問点等があるものについては、積極的に添付書面の記載内容に関する意見聴取を実施する。

（一部抜粋）

2 税務調査の実態はどうなっている

　憲法第31条【法定の手続の保障】によると、「何人も、法律の定める手続によらなければ、その生命若しくは自由を奪はれ、又はその他の刑罰を科されない。」となっており、他にも、憲法第18条【奴隷的拘束及び苦役からの自由】、第32条【裁判を受ける権利】、第35条【住居の不可侵】、第37条【刑事被告人の権利】などがあり「適正手続保障」と言われていますが、これらの規定は主として刑事手続を念頭に置いたもので、人身の自由を規定した条文と言われています。

　憲法第31条や、第35条（令状主義と言われる）、第38条【自己に不利益な供述、自白の証拠能力】（黙秘権の保障と言われる）は、これまで、行政手続にも適用・準用されると言われていましたので、税務行政についても同様だと言われていましたが、平成5年の行政手続法において、告知・聴聞・理由附記などが整備され「適正手続保障」も行政手続に準用されることが具体化されました。ところが、課税処分は行政手続法の適用除外とされ、税務調査としての「質問検査権」は、所得税法や法人税法等各税法の条文の中に【質問検査権】として規定されていましたが、税務調査の手続や課税処分に際しての理由附記などは税務行政においてはきちんとして法的整備が

されていませんでした。

　平成23年の国税通則法の改正によって、課税処分も行政手続法が適用され、理由附記が必要になり、税務調査についても、「質問検査権」だけでなく、事前通知の仕方や、課税処分の際の理由附記等の「税務調査手続」についても法的整備が行われ、憲法の「適正手続」の精神が税務行政にも反映されることになりました。

　以下、これまでの税務調査の実態と今後の税務調査のあり方について、国税通則法の改正前と改正後の「質問検査権」等について比較しながら、税務調査の実態を述べてみたいと思います。

1 税務調査手続の見直し

　当初、平成23年度税制改正として平成23年3月に成立されるはずでした「納税環境整備」に関連する改正事項は、「納税者権利憲章」の部分が除かれて、平成23年11月30日に衆議院財務金融委員会にて可決・成立し、平成23年12月2日に公布・施行されました。

　この平成23年12月の税制改正では、法人税関連の改正事項も成立しました。それでは、その改正の中身を見ていきましょう。

　まず、税務職員の質問検査権については、所得税等に関する調査等について必要があるときは、納税義務者等に質問し、帳簿書類その他の物件を検査し、又はその物件（その写しを含む。）の提示若しくは提出を求めることができることとするとされていますが、その質問検査権に関する規定が、平成23年12月の税制改正により、横断的に整備されました。（国税通則法第74条の2～74条の6）

　また、税務職員は、国税の調査について必要があるときは、その調査において提出された物件を留め置くことができることが法令上

明確になりました。（国税通則法第74条の7）（※この改正は、平成25年1月1日以後に提出される物件について適用されます。）

　なお、税務署長等は、税務職員に実地の調査において質問検査等を行わせる場合には、あらかじめ、納税義務者に対し、その旨及び調査を開始する日時等を通知しなければならなくなりました。（国税通則法第74条の9、74条の10）

通知内容

①	質問検査等を行う実地の調査（以下「調査」という）を開始する日時
②	調査を行う場所
③	調査の目的
④	調査の対象となる税目
⑤	調査の対象となる課税期間
⑥	調査の対象となる帳簿書類その他の物件
⑦	調査の相手方である納税義務者の氏名及び住所又は居所
⑧	調査を行う当該職員の氏名及び所属官署（その職員が複数であるときは、その職員を代表する者の氏名及び所属官署）
⑨	①又は②に掲げる事項の変更に関する事項
⑩	当該調査により③〜⑥以外の事項について非違が疑われる場合、その通知内容以外の事項についても調査対象になりうること

　ただし、違法又は不当な行為を容易にし、正確な課税標準等又は税額等の把握を困難にするおそれその他国税に関する調査の適正な遂行に支障を及ぼすおそれがあると税務署長等が認める場合には、

事前通知は要しないことになりました。

さらに、調査終了の際の手続についても、次のように整備されました。（国税通則法第74条の11）

①	税務署長等は、実地の調査を行った結果、更正決定等をすべきと認められない場合には、その調査において質問検査等の相手方となった納税義務者に対し、その時点において更正決定等をすべきと認められない旨を書面により通知する。
②	調査の結果、更正決定等をすべきと認められる場合には、税務職員は、納税義務者に対し、調査結果の内容を説明する。
③	上記②の説明をする場合、その職員は、その納税義務者に対し修正申告等を勧奨することができることになりました。

この場合、その調査結果に関し納税申告書を提出した場合には不服申立てをすることはできないが更正の請求をすることはできる旨を説明するとともに、その旨を記載した書面を交付しなければなりません。

上記の「税務調査において提出された物件を留め置く措置」以外の改正は、平成25年1月1日以後に納税義務者に対して行う質問検査等（同日前から引き続き行われている調査等に係るものを除く。）について適用されます。

それでは、これらの改正事項についてどう変わったのかをもう少し詳しく見ていきましょう。

2 税務職員の質問検査権関係の改正

(1) 改正前の税務調査手続のあらまし

　税務職員が税務調査を行うことの法的根拠として、これまでは所得税法、相続税法、法人税法等それぞれの税法の中で、「質問検査権」についての規定があり、税務職員は、それぞれの税目に関する調査について、必要があるときは納税義務者等に「質問」したり、あるいは帳簿書類やその他の物件を「検査」することができることとされていました。また、この「質問検査権」を税務職員が執行するためには、法的根拠だけではなく、納税義務者等には税務調査を受けるよう、調査の実効性を担保するための罰則も規定されており、税務職員が質問検査権を行使したとき、これに対して、「故意に質問に答えない」、「虚偽の答弁を行った」、「検査に応じない」、「虚偽の記載をした帳簿書類を提示した」場合には、そのような行為を行った納税者義務者に対しては、「1年以下の懲役又は50万円以下の罰金」という罰則が設けられていました。(旧所得税法第234条、旧相続税法第60条、旧法人税法第153〜155条)

(2) 改正内容——「質問検査権」について

　平成23年12月の税制改正における国税通則法の改正により、税務調査手続について、事前通知や調査終了の際の手続などについて、これまでの運用上の取扱いが改正された国税通則法によって明確になったことにより、これらの前提となる質問検査権についても、一連の手続と併せて国税通則法において、これまで各税法に規定されていたものが、それぞれの税法から集約され横断的に整備されまし

た。

　また、質問検査権については、税務調査を行うに当たって「事前通知」する際の内容について、「調査対象となる帳簿書類その他の物件」も含まれることとされたことと、適正・公平な課税を実現するという観点から、質問検査権の一環として、税務当局（税務署員）が納税者（調査対象者）等に対し帳簿書類その他の物件の提示・提出を求めることができることが法律上明確にされるとともに、その質問検査権を実効あるものにするための担保としての罰則についても、納税者が税務職員の物件の提示・提出要求に対して正当な理由もなく拒否し、又は虚偽記載の帳簿書類その他の物件を提示・提出した者について、改正前の検査忌避等に対する罰則と同様、「１年以下の懲役又は50万円以下の罰金」という罰則が設けられました。

　これは、改正前においては、運用上、帳簿書類その他の物件（それらの写しを含む。）の「提示」・「提出」については、調査の過程で調査担当者がその必要性等を説明し、納税者に納得してもらって、納税者の協力を得て「提示」・「提出」をしてもらっていたのですが、一部の納税者からは、「法律上の規定が不明確である。」という理由を主張し、調査に協力してもらえないケースがあったことから、課税の公平上の問題もありました。

　このような点も踏まえて、今回の国税通則法の改正により、調査の事前通知が法律上明確化されたことと併せて※、「提示」・「提出」させることを求めることができるように質問検査権に含まれることも法律上明確化するとともに、その質問検査権を担保する罰則規定についても必要な整備が行われました。

※国税通則法第74条の２第１項、74条の３、74条の４、74条の５各号、74条の６、

127条第3号

次のような、衆議院・財務金融委員会における岡本政府参考人（国税庁）の答弁が行われています。

【 岡本政府参考人（国税庁）答弁 】

「現行の運用上、帳簿書類その他の物件の提示、提出については、調査の過程で多くの納税者の協力を得て実施してきていますけれども、条文上不明確だとして一部の納税者の方々から協力が得られないケースもあり、課税の公平上の問題もありました。

このようなことも踏まえ、今回、調査の事前通知が法律上明確化されることとあわせ、税務当局が物件の提示、提出を求めることができることについても法律上明確化されました。

今回の見直しにより、正当な理由がなく提示、提出に応じない場合には罰則の適用があり得ることになりますけれども、この罰則をもって強権的に提示、提出要求をすることは考えておりません。あくまでも、納税者の方々の御理解、御協力が得られるように努めまして、その承諾のもとに行うという従来の運用を変更することは考えておりません。」

（平成23年11月18日、衆議院・財務金融委員会）

（3）相続税に係る質問検査権について

相続税に係る質問検査権については、

> 国税通則法第74条の3
>
> （当該職員の相続税等に関する調査等に係る質問検査権）
>
> 　国税庁等の職員は、相続税、贈与税又は地価税に関する調査等に必要があるときは、納税義務者等に質問し、財産若しくは土地等若しくは帳簿書類その他の物件を検査し、又は当該物件の提示若しくは提出を求めることができる。
>
> 　　　　　　　　　　　　　　　　　　　　　　（一部抜粋）

とされています。

質問検査権限の国税通則法への集約化に関しては、「国税通則法の制定に関する答申」において、

> 【 国税通則法の制定に関する答申 】
>
> 「質問、検査及び諮問の対象となる者の範囲については、基本的には現行規定を維持するものとするが、各税法において若干の不統一がみられるので、所要の整備を図ったうえ、これをできるだけ統一的に国税通則法に規定するものとする」
>
> 　　　　　　　　　　　　　　　（昭和36年7月、税制調査会）

とされていました。

③ 物件の留置き手続の明確化について

　税務調査の過程において納税者等から提出された帳簿書類等について、「検査」の必要があった場合には、国税通則法の改正前は、税務職員が納税者等の理解と協力を得て、納税者の承諾を貰って、「預り証」を交付した上でこれらの帳簿書類等を預かり、「検査」が終了したら「預り証」と引き換えに預かっていた帳簿書類等を返却するという運用が行われていました。平成23年12月の税制改正における国税通則法の改正により、このような帳簿書類等の預かりについては、「物件の留置き（預かり）」等の手続ということで、調査手続の一つとして、その透明化を図る観点から、法令上明確にされました。

　具体的には、税務職員が物件を留め置く際には、その物件の名称又は種類及びその数量、その物件の提出年月日、その物件を提出した者の氏名及び住所又は居所、その他その物件の留置きに関し必要な事項を記載した書面を作成し、その物件を提出した者にこれを交付しなければならないこととされています。また、当該税務職員は、十分な注意を払って留め置いた物件を管理することとされ、調査が終了した場合など留め置く必要がなくなった場合には、遅滞なく返却することとなりました。（国税通則法第74条の7、国税通則法施行令第30条の3）

【 岡本政府参考人（国税庁）答弁 】

　「物件の預かり、留置きにつきましては、これまでも税務調査におきまして運用上行われてきましたけれども、今回、手続

> の明確化を図る観点から法定化されると承知しています。現行の運用におきましても、留め置いた物件については、留め置く必要がなくなったときには遅滞なくこれを返還しているところでありまして、御指摘のように、納税者からの返還の求めがあった場合にも、特段の支障がない限り返還することとしています。法定化後においても同様の運用になるものと考えています。」
> 　　　　　　　（平成23年11月18日、衆議院・財務金融委員会）

　国税通則法改正前においては、「質問検査権」については、旧所得税法、旧相続税法、旧法人税法等各税法においてその権限が規定され、その権限についての解釈についても各税法に「前項の規定による質問又は検査の権限は、犯罪捜査のために認められたものと解してはならない。（旧所得税法第234条２項）」等の解釈規定が設けられていました。これらの解釈規定は、平成23年12月の税制改正においては各税法から集約されて国税通則法に規定されるとともに、新たに明確化された「物件の留置き」についても、その解釈規定は国税通則法に規定されました。

> **国税通則法第74条の８（権限の解釈）**
> 　第74条の２から前条（第74条の７）まで（当該職員の質問検査権等）の規定による当該職員の権限は、犯罪捜査のために認められたものと解してはならない。

　「質問検査権」については、平成25年１月１日以降に納税義務者等に対して行われる質問検査等について適用されます。ただし、同

日以前から引き続いて行われている調査等については対象外とされています。質問検査を担保する罰則についても、平成25年1月1日以後に行った違反行為に対しては改正後の法律が適用され、同日前に行った違反行為については改正前の規定が適用されます。

また、「物件の留置き」については、平成25年1月1日以後に提出される物件について適用されることになっています。

4 税務調査の事前通知について

(1) 改正前の税務調査手続のあらまし

　課税庁は税務調査に際し、実務上、原則として納税者に対し調査日時を事前に通知することとしており、例外的に、事前通知をすることが適当でないと認められるような場合には事前通知を行わないこととしていました。

　事前通知をしない場合とは、

- 業種・業態、資料情報及び過去の調査状況等からみて、帳簿書類等による申告内容等の適否の確認が困難であると想定されることから、事前通知を行わない調査により、ありのままの事業実態等を確認しなければ、申告内容等に係る事実の把握が困難であると予想される場合
- 事前通知を行うことにより、調査に対する忌避・妨害、あるいは帳簿書類等の破棄・隠ぺい等が予想される場合

とされていました。(平成13年3月事務運営指針)

(2) 改正の内容

　税務調査の事前通知については、先に述べたように、改正前においては、運用上の取扱いとしては原則としてこれを行うこととされていましたが、税務調査に先立ち、課税庁が原則として事前通知を行うことについて、調査手続の透明性及び納税者の予見可能性を高める観点から、平成23年12月の税制改正における国税通則法の改正においては、この取扱いを法律上明確にしました。また、悪質な納税者の課税逃れを助長するなど調査の適正な遂行に支障をきたすことのないよう、課税の公平性の確保の観点を踏まえ、一定の場合には事前通知しないことについても、これまで運用上の取扱いによっていたものが法律上明確にされました。

(3) 税務調査の事前通知

　税務当局は、税務調査を行う場合には、原則として、あらかじめ納税義務者に対し事前に通知をすることとされています。
　具体的には、

> 国税通則法第74条の9（納税義務者に対する調査の事前通知等）
> 　税務署長等は、国税庁等又は税関の当該職員に納税義務者に対し実地の調査において質問検査等を行わせる場合には、あらかじめ、当該納税義務者に対し、その旨及び次に掲げる事項を通知するものとする。
>
> （一部抜粋）

とされており、事前通知を行う際の内容として、

一	質問検査等を行う実地の調査を開始する日時
二	調査を行う場所
三	調査の目的
四	調査の対象となる税目
五	調査の対象となる期間
六	調査の対象となる帳簿書類その他の物件
七	その他調査の適正かつ円滑な実施に必要なものとして政令で定める事項

という通知事項が掲げられています。

「七　その他調査の適正かつ円滑な実施に必要なものとして政令で定める事項」については、

国税通則法施行令第30条の4（調査の事前通知に係る通知事項）
一　調査の相手方である納税義務者の氏名及び住所又は居所
二　調査を行う職員（当該職員が複数であるときは、当該職員を代表する者）の氏名及び所属官署
三　納税義務者は、合理的な理由を付して「調査開始日時」又は「調査開始場所」について変更するよう求めることができ、その場合には、税務当局はこれについて協議するよう努める旨
四　税務職員は、「通知事項以外の事項」について非違が疑われる場合には、当該事項に関して質問検査ができる旨

（一部抜粋）

と規定されています。

これらの通知は、具体的な通知方法については法律上特に規定はされていませんが、通常は電話による連絡等が考えられています。
　また、事前通知の時期については、今回の法案審議の衆議院・財務金融委員会における岡本政府参考人（国税庁）の次のような答弁が行われています。

> 【岡本政府参考人（国税庁）答弁】
>
> 「事前通知は、法令上、あらかじめ行うこととされますので、何日前までに行うという規定はございませんが、調査手続の透明性と納税者の予見可能性を高めるという制度の仕組みをかんがみれば、調査開始日までの相当の時間の余裕を置いて行うことになると考えています。したがいまして、事前通知の実施に当たりまして、委員御指摘のような、納税者の家の前で事前通知の電話をして往訪するというふうな運用は考えておらないところでございます。」
>
> （平成23年11月18日、衆議院・財務金融委員会）

　なお、事前通知の対象者等については、それぞれ次のように考えられています。

① 事前通知の対象者	事前通知の対象者は、納税義務者となっています。また、その納税義務者に税務代理人がある場合には、その税務代理人も対象となります。
② 対象となる調査の範囲	事前調査の対象となる「調査」は「実地の調査」とされ、具体的には、納税義務者の事業

		所や事務所等に臨場（臨宅）して行う調査が、この「実地の調査」に該当します。
③	事前通知の内容	事前通知については、あらかじめ「実地の調査において質問検査等を行う旨」及び先に述べた国税通則法第74条の9に規定されている「次の事項」の7項目及び同施行令第30条の4に規定されている4項目について通知することになっています。
④	調査の目的	具体的な通知内容としては、納税申告書の記載内容の確認、納税申告書の提出がない場合における納税義務の有無の確認、その他これらに類するもととされています。

(4) 調査の「開始日時」又は「開始場所」の変更協議について

　税務当局は、納税義務者から合理的な理由を附して調査の「調査開始日時」又は「調査開始場所」について変更したい旨の要請があった場合には、協議するよう努めることとされています。事前通知の際に設定された日時等については、通常、納税義務者の都合等も考慮されたものであると考えられることから、この「調査開始日時等の変更の要請」に当たっては、適正公平な課税の確保の観点から、調査の適切かつ円滑な実施に支障をきたすことのないように「合理的な理由を附して」行うこととされています。

　「合理的な理由」については、例えば、納税義務者の病気・けが等のための入院や親族の葬儀への出席など真にやむを得ない場合が該当すると思われます。また、納税義務者の税務代理人が同様の変更要請を行う場合にも、納税義務者と同様に、合理的な理由を附して行う必要があります。

（5）通知事項以外の事項について非違が疑われる場合の質問検査等について

　調査の事前通知は、通知した内容に含まれていなかった「調査の目的」、「調査対象税目」、「調査対象期間」、「調査対象帳簿書類その他の物件」について非違が疑われることとなった場合には、当該事項に関して税務職員が調査を行うことを妨げるものではないこととされています。これは、通知した事項以外の事項に関して税務職員が調査を行うことは一切認められないということではなく、一定の事項については、事前通知の時点ではその通知した内容に含まれていなかったとしても、非違が疑われることになった場合には当該事項についても質問検査等を行うことができることについて、確認的に規定されたものです。

　また、このような「通知事項以外の事項」に関して質問検査等を行う際には、改めて事前通知を行う必要がないこととされています。

（6）「事前通知を要しない場合」について

　税務調査に際しては、これまで述べたように「事前通知」を行うことが原則となっていますが、税務調査の適正な遂行に支障をきたすようなことのないよう、課税の公平の確保の観点から、「違法又は不当な行為を容易にし、正確な課税標準等又は税額等の把握を困難にする恐れその他国税に関する調査の適正な遂行に支障を及ぼすおそれがある」と税務当局が認める場合には、「事前通知」を要しないことが法律上明確化されました。事前通知を要しない場合に当たるかどうかについては、税務当局が、「調査の相手方である納税義務者の申告若しくは過去の調査結果の内容又はその営む事業内容

に関する情報その他税務当局が保有する情報」を考慮して判断されることとされています。

> **国税通則法第74条の10（事前通知を要しない場合）**
> 　前条第１項（19ページ参照）の規定にかかわらず、税務署長等が調査の相手方である同条第３項第１号に掲げる納税義務者の申告若しくは過去の調査結果の内容又はその営む事業内容に関する情報その他国税庁等若しくは税関が保有する情報に鑑み、違法又は不当な行為を容易にし、正確な課税標準等又は税額等の把握を困難にするおそれその他国税に関する調査の適正な遂行に支障を及ぼすおそれがあると認める場合には、同条第１項の規定による通知を要しない。

「事前通知を要しない場合」（事前通知の例外事由）を法律上明確化した趣旨等については、平成23年12月改正での法案審議において、

> **【五十嵐財務副大臣答弁】**
> 「例えば、事前通知することにより、帳簿書類の破棄が行われる、あるいは正確な課税標準や税額の把握を困難にするような行為が行われるおそれがあるという場合に限って事前通知は行わないものとするということでございまして、例外事由が法律上明確化されることに伴い、国税当局においては、例外事由に該当するかどうかについて適切に判断がなされるものと考えています」

(平成23年3月25日、衆議院・財務金融委員会)

との答弁が行われています。

5 税務調査の終了の際の手続について

（1）改正前の制度のあらまし

　税務調査終了時に税務当局が行う手続については、実務上、調査の結果、申告内容において①非違がない場合、②非違がある場合の区別に応じ、それぞれ次のとおりとされていました。

① 　調査の結果、申告内容には非違がない場合

　税務当局は、実地調査の結果において非違がない場合には、

1	申告内容に誤りが認められなかった場合には、その旨及び税務調査が終了した旨を通知
2	爾後の申告等につき指導すべき事項もない場合は、適正な申告と認められる旨の書面を送付
3	上記2の書面は、それまでの調査結果を通知するものであって、爾後の再調査を禁止するものではなく、保存期間内の帳簿書類は引き続き保存が必要となることを説明

するとされていました。

② 　調査の結果、申告内容に非違がある場合

　税務当局は、実地調査の結果において非違がある場合には、

1	非違内容及びその金額を説明
2	修正申告又は期限後申告をしょうよう（勧奨）
3	その際、書面を交付して、修正申告等をした場合に不服申

> し立てができないこと等を説明

するとされていました。

(2) 改正の内容

　平成23年12月の国税通則法の改正により、調査終了の際の手続について、税務当局の納税者に対する説明責任を強化する観点から、これまでの運用上の取扱いが次のように法令上明確化されました。

① 更正決定等をすべきと認められない場合

　税務当局は、実地調査を行った結果、更正決定等をすべきと認められない場合には、納税義務者に対し、「その時点において更正決定等すべきと認められない」旨を書面により通知することとされました。(国税通則法第74条の11)

② 更正決定等をすべきと認める場合における調査結果の内容の説明等

　調査を行った結果、更正決定等をすべきと認める場合には、税務職員は、納税義務者に対し、「調査結果の内容(更正決定等をすべきと認めた額及びその理由を含みます。)」を説明することとされました。

　また、この説明を行う際には、当該職員は、納税義務者に対し、修正申告又は期限後申告を勧奨することができることとされています。ただし、この勧奨を行う場合には、「その調査の結果に関しその納税義務者が申告書を提出した場合には、不服申立てをすることはできないが、更正の請求をすることはできる」旨を説明するとともに、その旨を記載した書面を交付することとされました。

③ 「更正決定等をすべきと認められない旨の通知又は修正申告書の提出等」の後における再調査について

　①で述べた「更正決定等をすべきと認められない旨の通知をした後」又は②で述べた「調査の結果につきその納税義務者から修正申告書の提出等があった後」においても、税務職員は、新たに得られた情報に照らし非違があると認める場合には、当該通知を受け、又は修正申告書の提出等を行った納税義務者に対し、質問検査等を行うことができることとされました。

　これまでは、税務署長等は更正決定をした後、その更正決定をした課税標準等又は税額等が過大又は過少であることを知ったときは、その調査により再更正をすることができることとされていましたが、今回の改正による再調査の規定は、その再更正の前提となる再調査の在り方について、これまでの運用上の取扱いを踏まえ納税者の負担の軽減を図りつつ、適正公平な課税の実現を確保する観点から、調査が行われて更正決定等をすべきと認められない旨の通知や修正申告書等の提出等があった後において、新たに得られた情報に照らし非違があると認める場合には、税務職員は再び質問検査等を行うことができることとされたものです。

　この、「新たに得られた情報に照らし非違があると認める場合」については、例えば、甲という納税者に対する調査において、更正決定等をすべきと認められない旨の通知や修正申告書の提出等があった後、乙という納税者に対する調査において、前出の甲の既調査年分について未把握の課税漏れが発見された場合などが、これに該当するものと思われます。

> **国税通則法第74条の11（調査の終了の際の手続）**
> 　税務署長等は、国税に関する実地の調査を行つた結果、更正決定等（第36条第１項（納税の告知）に規定する納税の告知（同項第２号に係るものに限る。）を含む。以下この条において同じ。）をすべきと認められない場合には、納税義務者（第74条の９第３項第１号（納税義務者に対する調査の事前通知等）に掲げる納税義務者をいう。以下この条において同じ。）であつて当該調査において質問検査等の相手方となつた者に対し、その時点において更正決定等をすべきと認められない旨を書面により通知するものとする。
>
> 　　　　　　　　　　　　　　　　　　　　　　（一部抜粋）

6 処分の理由附記について

（1）改正前の制度のあらまし

　先に述べたように、平成５年の行政手続法において、告知・聴聞・理由附記などが整備され「適正手続保障」も行政手続に準用されることが具体化されました。ところが、課税処分は行政手続法の適用除外とされ、税務当局が国税に関する法律に基づき行う申請に対する処分や更正、決定等の不利益処分については、行政手続法第２章【申請に対する処分】及び第３章【不利益処分】には適用しないこととされ（旧国税通則法第74条の２①）、同法第８条及び第14条で定める処分理由の提示（以下「理由附記」といいます。）は要しないこととされていました。

　ただし、青色申告者に対する更正については、その帳簿の記載を

無視して行われることがないことを納税者に保障するという観点から、その更正処分を行う場合には理由を附記しなければならないこととされています。（所得税法第155条②）これに関連して、個人の記帳義務についてみると、いわゆる白色申告者のうち、前年又は前々年において確定申告による所得金額が300万円超の者には記帳義務が課されていますが、それ以外の者については記帳義務が課されてない状況にありました。（旧所得税法第231条の2①）

（2）改正の内容

　国税に関する法律に基づく申請により求められた許認可等を拒否する処分又は不利益処分については、処分の適正化と納税者の予見可能性の確保の観点から、行政手続法の規定（行政手続法第8条又は第14条）に基づき理由附記を実施することになりました。

　なお、記帳及び記録保存義務が課されていない個人の白色申告者に対する所得税の更正等に係る理由附記については、記帳及び記録保存の義務化と併せて実施されることになりました。これは、記帳及び記録保存義務は、そもそも自ら税額を計算して申告・納付する「申告納税制度」の基礎であるところ、近年の情報技術の進展により、それほど困難を伴わずに記帳できるようになってきていることや、税務当局が記帳し保存している帳簿を考慮する必要があること等を考えあわせたものとされています。

3 なぜ税務調査が行われるのか

(1) 正しい申告を担保するための「税務調査」

　我が国においては、税制については「申告納税制度」が採用されています。この「申告納税制度」は、その申告に当たって納税者自身に税の計算・確定を行わせるものですが、必ずしもすべての納税者が法律の規定に従って適正に申告を行い、期限内に納付するとは限りません。

　シャウプ勧告においては、「納税者が一旦申告書を提出すれば、申告納税の自発的に行われる仕事は終了し、税務署の仕事が始まる。納税者が申告納税の責任を正しく履行する限り、税務署の負担は軽減される。いかなる所得税においても経験することであるが、納税者の協力が落ちるのを防止する必要上、申告の照会調査に絶えず目を配っていなければならない。申告書の敏速かつ効果的な調査は、違反に対する罰則の適用によってそれが裏付けられていれば、納税者の高度の申告納税をもたらすであろう。しかし、その調査の目的なり結果は、正しい税金の客観的な査定といった方向へ間違いなく持っていかなければならない。正直な納税者には、不正直な者がその不正直によって利益することができないという保証が与えられなければならない。調査官が遅かれ早かれ脱税者を見つけ出し、脱税者が自分の税額の全部と不正に対する罰を必ず受けるということが正直な納税者のために保証されなければならない。」としています。

　つまり、「税務調査」は、正しい申告が行われ適正公平な課税を実現させるための担保であり、広く言えば、申告納税制度をきちんと機能させるための担保であるという意味があると言えます。

（2）間違った申告内容を是正するための「税務調査」

　我が国の税制は申告納税制度です。この申告納税制度は、納税者自らが自分の納付すべき税額を計算しそれを申告するというものですから、一次的にはその申告（当初申告）によって申告納税義務は確定することになります。しかしながら、納税者の申告内容が税法の規定に従ってなされたものでない場合や、事実関係（課税要件事実等）が十分把握されず申告内容に適正に反映されていない場合や、申告そのものが行われていない場合には、課税庁としてはこのような状況をそのまま放置しておくことはできません。このような場合、課税庁は更正・決定及び賦課決定を行い二次的に正しい税額に修正しこれを確定する必要があります。

　つまり、「税務調査」は、一次的に納税者が自主的に申告納税した内容の適正性を確保するために、その調査によって、更正・決定等の確定処分を受けて、課税庁が税額を是正し二次的に確定するという「是正するために行う」という意味があると言えます。

4　強制調査と任意調査とはどう違う

① 任意調査

　日本国憲法第30条では、「国民は法律の定めるところにより、納税の義務を負ふ。」とされています。そして、先に述べましたが、我が国では、納税者が自ら正しい申告を行って税金を納付する申告納税制度を採っており、この制度を円滑に運営していくため税務調査が行われます。

税務調査とは、納税者が提出した申告が税法に準拠して正しく行われているかどうか（コンプライアンス）を、課税庁の職員が実際に立ち会って臨場調査をする確認の行為とも言えます。
　税務調査というと、テレビや映画等でよく観る大々的に会社や個人の邸宅に乗り込んで行う「強制調査」をイメージされる方が多いかもしれません。
　しかし、通常の税務調査は、確認のために行われるものであり、納税者の同意を基としたいわゆる「任意調査」と位置づけられています。
　任意調査に関しては、各税法に規定されており、相続税法では第60条において「国税庁、国税局又は税務署の当該職員は、相続税若しくは贈与税に関する調査又は相続税若しくは贈与税の徴収について必要があるときは、納税義務者等に質問し、又は納税義務者等の財産若しくはその財産に関する帳簿書類その他の物件を検査することができる。」とされています。
　しかし、任意調査においても不答弁（税務署員の質問に対して答弁しないこと）、及び検査拒否等（例えば、税務署員の帳簿検査について帳簿を見せない等）については、罰則が規定されています。刑事犯においては自らの不利になることについての証言拒否など被疑者の不答弁が認められていますが、税務調査については調査受認義務が課せられています。

2 強制調査

　不正の手段を使って故意に税を免れた者には、社会的責任を追及するため、正当な税を課すほかに刑罰を科すことが税法に定められ

ています。こうした者に対しては、任意調査だけではその実態が把握できないので、強制的権限をもって犯罪捜査に準ずる方法で調査し、その結果に基づいて検察官に告発し、公訴提起を求める制度（査察制度）が設けられています。この査察制度は、国税犯則取締法に基づいて行われる質問・調査・領置であり、裁判所の許可を得て臨検・捜索・差し押さえを行うこともできます。

　査察事案についてはしばしば、検察庁へ告発ということが考えられますが、税務調査から検察への告発ということはありません。仮に、調査の過程で、刑事罰の対象になる事実を調査官が発見した場合でも、調査官がこれを告発すべきか否かは問題のあるところです。すなわち、調査官は厳しい守秘義務が課されており、公務員の告発義務と守秘義務とは税務調査においては守秘義務が優先すると考えられるからです。

　このように、通常の税務調査では確認できないような悪質で大口な脱税案件などの場合には、国税犯則取締法による「強制調査」が行われることになります。なお、その執行には、各国税局に配置された国税査察官が当たることになっています。これがテレビや映画等でよく観る税務調査のシーン、いわゆる「強制調査」と呼ばれるものです。

　しかし、それ程心配する必要はありません。通常の税務調査は、指導調査であり正しい申告の指導が目的です。ですから取り立てて、怖がったり、避けようとしたりすることはしなくていいのです。

5 税務調査の類型にはどんなものがあるのか

　先ほど述べた「任意調査」は、一般調査、特別調査、簡易調査の調査場所別により「机上調査」と「実地調査」があります。なお、詳しくは第3章を参照してください。ここでは一般論のみ、その概要を述べておきます。

　机上調査とは、税務署の内部にあって申告書や提出資料などの内容を検討する調査をいいます。厳密には、実地調査を省略することを決定した申告書について、以下のような調査に区別することができます。

狭義の「机上調査」	特例適用などの適否を検討するための「書面調査」、「呼出し調査」などを行うこと
実地調査のための「準備調査」	実地調査の対象者を選定し、かつ、重点調査事項を決定するなどを行うこと

　そのため、準備調査は実地調査を効果的に行うことを目的とし、実地調査をすべきかどうかを判断する上で、事前に調査事項を検討し、実地調査対象者を選定する役目を果たします。

　特に、相続税の調査においては、申告後1～3年後に実地調査が行われるのが一般的ですので、他の税目に比べると十分な机上調査のうえに実地調査が行われる傾向が強いといえるでしょう。

■ 税務署が相続税の準備調査において使用すると思われる主な資料 ■

①	被相続人及びその家族の所得税の確定申告書
②	同族会社の法人税の確定申告書
③	財産債務明細書
④	各種法定調書
⑤	金融機関から取り寄せた取引記録等

6 最近における相続税の税務調査の概要(特徴と傾向)

1 平成23年分の相続税の申告の状況について
（平成24年12月・国税庁発表）

　平成23年中（平成23年1月1日～平成23年12月31日）に亡くなった人から、相続や遺贈などにより財産を取得した人に係る申告事績のあらましは次のとおりです。

(注)　相続税額のある申告書で、平成23年10月31日までに提出されたもの及び震災特例法により申告期限が延長され平成24年1月11日までに提出されたものを集計しています。

(1) 被相続人数

　被相続人数（死亡者数）は約125万人（前年約120万人）、このうち相続税の課税対象となった被相続人数は約5万1千人（前年約5万人）で、課税割合は4.1％（前年4.2％）となっており、前年より0.1％低下しました。

（2）課税価格

　課税価格は10兆7,299億円（前年10兆4,580億円）で、被相続人1人当たりでは2億872万円（前年2億962万円）となっています。

（3）税額

　税額は1兆2,520億円（前年1兆1,754億円）で、被相続人1人当たりでは2,435万円（前年2,356万円）となっています。

（4）相続財産の金額の構成比

（別表）　相続税の申告事績

項目		年分	平成22年分	平成23年分	対前年比
①	被相続人数（死亡者数）		1,197,012人	1,253,066人	104.7%
②	相続税の申告書（相続税額があるもの）の提出に係る被相続人数		49,891人	51,409人	103.0%
③	課税割合（②／①）		4.2%	4.1%	−0.1%
④	相続税の納税者である相続人数		122,740人	125,152人	102.0%
⑤	課税価格		104,580億円	107,299億円	102.6%
⑥	税額		11,754億円	12,520億円	106.5%
⑦	被相続人1人当たり	課税価格（⑤／②）	20,962万円	20,872万円	99.6%
⑧		税額（⑥／②）	2,356万円	2,435万円	103.4%

(注)
1 相続税額がある申告書(修正申告書を除く。以下同じ。)を集計対象としている。
2 平成23年分は平成24年10月31日までに提出された相続税額のある「申告書(修正申告書を除く。)」データ(速報値)に基づいて作成している。
3 平成22年分は、平成23年10月31日までに提出された「申告書(修正申告書を除く。)」及び震災特例法により申告期限が延長され平成24年1月11日までに提出された「申告書(修正申告書を除く。)」を集計している。
4 「課税価格」は、相続財産価額から、被相続人の債務・葬式費用を控除し、相続開始前3年以内の被相続人から相続人等への生前贈与財産価額及び相続時精算課税適用財産価額を加えたものである。
5 「被相続人数(死亡者数)」は、厚生労働省統計情報部「人口動態統計」による。

(付表1) 被相続人数の推移

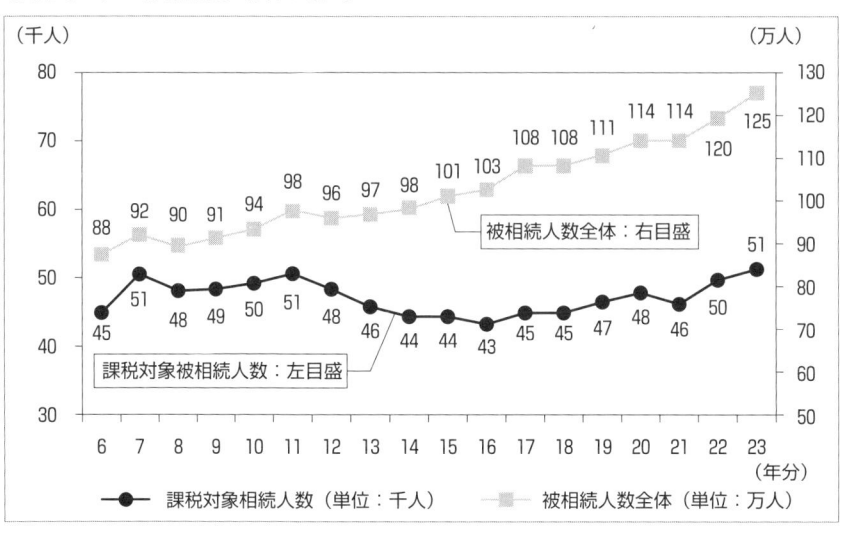

年分	課税対象被相続人数(千人)	被相続人数全体(万人)
6	45	88
7	51	92
8	48	90
9	49	91
10	50	94
11	51	98
12	48	96
13	46	97
14	44	98
15	44	101
16	43	103
17	45	108
18	45	108
19	47	111
20	48	114
21	46	114
22	50	120
23	51	125

(付表2) 課税割合の推移

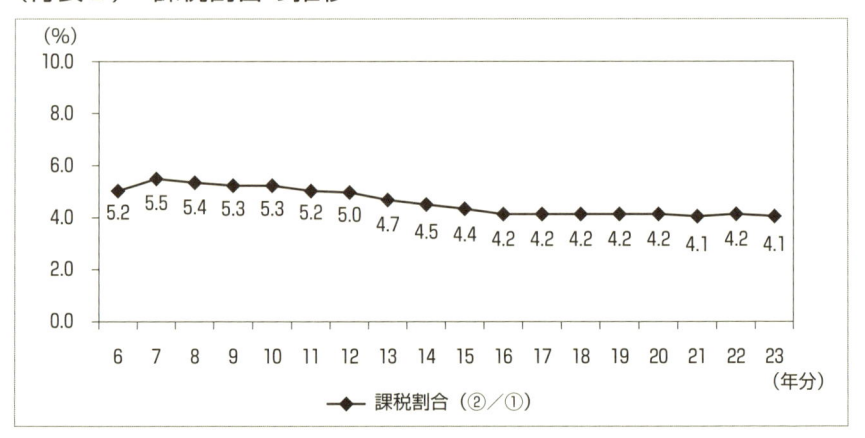

年分	6	7	8	9	10	11	12	13	14	15	16	17	18	19	20	21	22	23
課税割合(②/①)(%)	5.2	5.5	5.4	5.3	5.3	5.2	5.0	4.7	4.5	4.4	4.2	4.2	4.2	4.2	4.2	4.1	4.2	4.1

(注) 平成25年度税制改正で、相続税の基礎控除の4割引下げ等の影響で、今後、課税対象者は、平成27年以後さらに増加し、課税割合も徐々に上昇していくものと思われます(著者)。

(付表3) 相続税の課税価格及び税額の推移

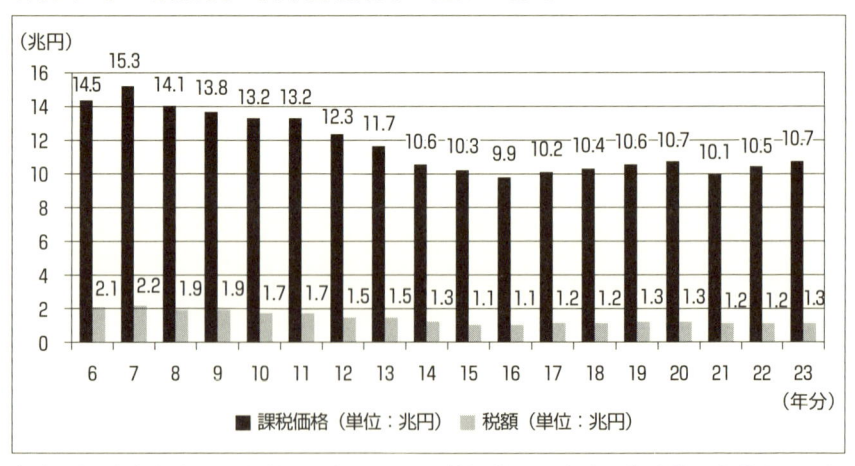

年分	6	7	8	9	10	11	12	13	14	15	16	17	18	19	20	21	22	23
課税価格(単位:兆円)	14.5	15.3	14.1	13.8	13.2	13.2	12.3	11.7	10.6	10.3	9.9	10.2	10.4	10.6	10.7	10.1	10.5	10.7
税額(単位:兆円)	2.1	2.2	1.9	1.9	1.7	1.7	1.5	1.5	1.3	1.1	1.1	1.2	1.2	1.2	1.3	1.2	1.2	1.3

(注) 「課税価格」は、相続財産価額から、被相続人の債務・葬式費用を控除し、相続開始前3年以内の被相続人から相続人等への生前贈与財産価額及び相続時精算課税適用財産価額を加えたものである。

第1章 新時代の税務調査の基礎知識

（付表４）　相続財産の金額の推移

項目 年分	土地 億円	家屋 億円	有価証券 億円	現金・預貯金等 億円	その他 億円	合計 億円
平成6年	112,547	8,159	13,199	15,002	9,937	158,845
平成7年	117,303	9,009	13,799	17,718	11,108	168,937
平成8年	105,768	6,411	13,696	18,053	10,977	154,906
平成9年	101,778	6,068	14,310	18,949	11,351	152,457
平成10年	98,244	6,402	10,748	19,527	11,276	146,196
平成11年	94,233	6,816	12,699	21,275	13,695	148,718
平成12年	89,083	6,107	12,113	21,226	14,283	142,812
平成13年	78,448	6,117	13,418	20,712	14,149	132,844
平成14年	71,321	6,244	10,210	20,246	13,570	121,591
平成15年	66,315	5,736	10,664	21,391	13,899	118,004
平成16年	58,298	5,932	12,496	21,770	10,992	109,488
平成17年	56,843	6,336	15,049	23,114	11,542	112,884
平成18年	54,491	5,750	17,966	23,488	12,280	113,974
平成19年	55,847	6,184	18,486	23,971	12,459	116,948
平成20年	58,497	6,385	15,681	25,363	12,091	118,017
平成21年	54,938	6,059	13,307	24,682	11,606	110,593
平成22年	55,332	6,591	13,889	26,670	12,071	114,555
平成23年	53,781	6,716	15,209	28,333	12,806	116,845

（付表５）　相続財産の金額の構成比の推移

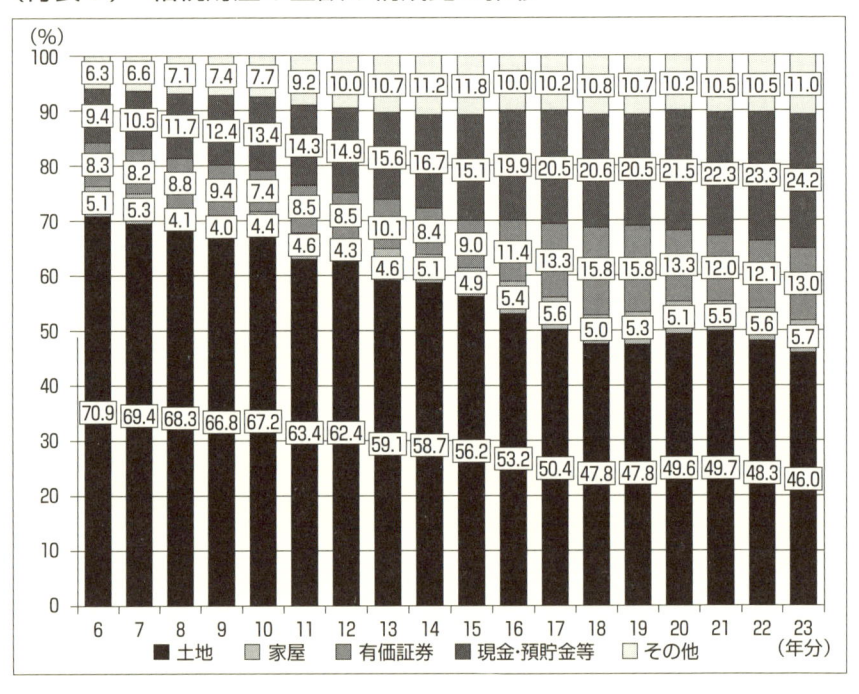

年分	土地	家屋	有価証券	現金・預貯金等	その他
6	70.9	5.1	8.3	9.4	6.3
7	69.4	5.3	8.2	10.5	6.6
8	68.3	4.1	8.8	11.7	7.1
9	66.8	4.0	9.4	12.4	7.4
10	67.2	4.4	7.4	13.4	7.7
11	63.4	4.6	8.5	14.3	9.2
12	62.4	4.3	8.5	14.9	10.0
13	59.1	4.6	10.1	15.6	10.7
14	58.7	5.1	8.4	16.7	11.2
15	56.2	4.9	9.0	15.1	11.8
16	53.2	5.4	11.4	19.9	10.0
17	50.4	5.6	13.3	20.5	10.2
18	47.8	5.0	15.8	20.6	10.8
19	47.8	5.3	15.8	20.5	10.7
20	49.6	5.1	13.3	21.5	10.2
21	49.7	5.5	12.0	22.3	10.5
22	48.3	5.6	12.1	23.3	10.5
23	46.0	5.7	13.0	24.2	11.0

2　平成23年度の相続税調査結果について

　相続税について、平成23事務年度（平成23年７月～平成24年６月までの間）に実施された実地調査の状況は、国税庁から次のように公表されています。

（１）実地調査件数及び申告漏れ等の非違の件数
　平成23事務年度における相続税の実地調査は、平成21年中及び平成22年中に発生した相続を中心に、国税局及び税務署で収集した資料情報を基に、申告額が過少であると想定されるものや、申告義務

があるにもかかわらず無申告となっていることが想定されるものなどに対して実施しました。

　実地調査の件数は13,787件（前事務年度13,668件）、このうち申告漏れ等の非違があった件数は11,159件（前事務年度11,276件）で、非違割合は80.9％（前事務年度82.5％）となっています。

（2）申告漏れ課税価格

　申告漏れ課税価格は、3,993億円（前事務年度3,994億円）で、実地調査1件当たりでは2,896万円（前事務年度2,922万円）となっています。

（3）申告漏れ相続財産の金額の内訳

　申告漏れ相続財産の金額の内訳は、現金・預貯金等1,426億円（前事務年度1,332億円）が最も多く、続いて有価証券631億円（前事務年度631億円）、土地630億円（前事務年度719億円）の順となっています。

（4）追徴税額

　追徴税額（加算税を含む。）は757億円（前事務年度797億円）で、実地調査1件当たりでは549万円（前事務年度583万円）となっています。

（5）重加算税の賦課件数

　重加算税の賦課件数は1,569件（前事務年度1,897件）、賦課割合は14.1％（前事務年度16.8％）となっています。

近年は、資産運用も国内に留まらず、海外において色々な金融商品や資産運用スキームを用いて資産運用するケースが増えてきています。

相続税調査においても、このような資産運用の国際化に対応してきており、国税庁としては、

> 「納税者の資産運用の国際化に対応し、相続税の適正な課税を実現するため、相続税調査の実施に当たっては、租税条約等に基づく情報交換制度を効果的に活用するなど、海外資産の把握に努めています。資料情報や相続人・被相続人の居住形態等から海外資産の相続が想定される事案など、海外資産関連事案については、本事務年度においても積極的に調査を実施します。」
>
> （国税庁HPより）

としています。

(付表１)　相続税の調査事績

項目	事務年度	平成22事務年度	平成23事務年度	対前事務年度比
①	実地調査件数	13,668件	13,787件	100.9%
②	申告漏れ等の非違件数	11,276件	11,159件	99.0%
③	非違割合（②／①）	82.5%	80.9%	▲1.6%
④	重加算税賦課件数	1,897件	1,569件	82.7%
⑤	重加算税賦課割合（④／②）	16.8%	14.1%	▲2.8%
⑥	申告漏れ課税価格	3,994億円	3,993億円	100.0%

第1章 新時代の税務調査の基礎知識

⑦	⑥のうち重加算税賦課対象		609億円	581億円	95.4%
⑧	追徴税額	本　税	685億円	649億円	94.8%
⑨		加算税	112億円	107億円	96.0%
⑩		合　計	797億円	757億円	94.9%
⑪	実地調査1件当たり	申告漏れ課税価格（⑥／①）	2,922万円	2,896万円	99.1%
⑫		追徴税額（⑩／①）	583万円	549万円	94.1%

（注）「申告漏れ課税価格」は、申告漏れ相続財産額（相続時精算課税適用財産を含む。）から、被相続人の債務・葬式費用の額（調査による増減分）を控除し、相続開始前3年以内の被相続人から法定相続人等への生前贈与財産額（調査による増減分）を加えたものである。

（付表2）　申告漏れ相続財産の金額の推移

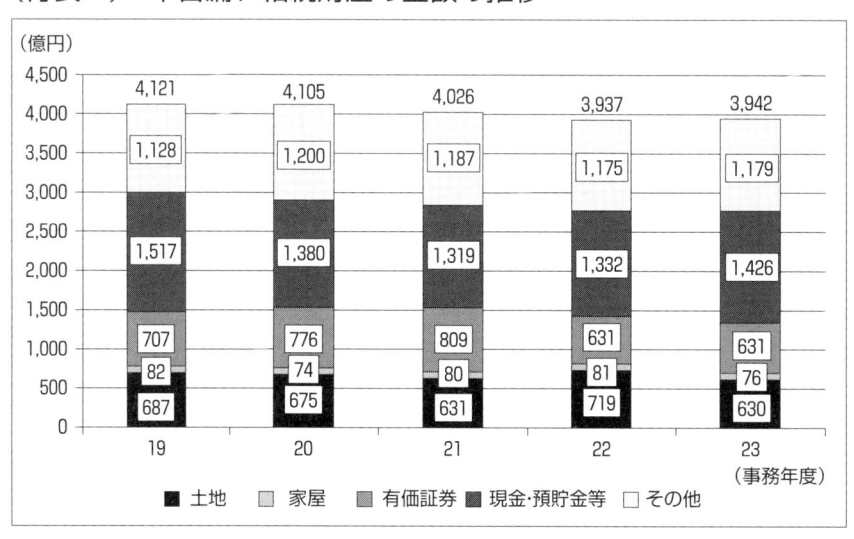

事務年度	土地	家屋	有価証券	現金・預貯金等	その他	合計
19	687	82	707	1,517	1,128	4,121
20	675	74	776	1,380	1,200	4,105
21	631	80	809	1,319	1,187	4,026
22	719	81	631	1,332	1,175	3,937
23	630	76	631	1,426	1,179	3,942

（単位：億円）

(付表３)　海外資産関連事案に係る調査事績

　国税庁は納税者の資産運用の国際化に対応し、相続税の適正な課税を実現するため、相続税調査の実施に当たっては、租税条約等に基づく情報交換制度を効果的に活用するなど、海外資産の把握に努めています。資料情報や相続人・被相続人の居住形態等から海外資産の相続が想定される事案など、海外資産関連事案については、本事務年度においても積極的に調査を実施します。

項目	事務年度	平成22事務年度	平成23事務年度	対前事務年度比
①	実地調査件数	695 件	741 件	106.6 %
②	海外資産に係る申告漏れ等の非違件数	549 件 116	568 件 111	103.5 % 95.7
③	海外資産に係る重加算税賦課件数	81 件 17	69 件 20	85.2 % 117.6
④	海外資産に係る申告漏れ課税価格	267 億円 59	300 億円 72	112.4 % 122.8
⑤	④のうち重加算税賦課対象	45 億円 18	47 億円 11	105.0 % 59.7
⑥	非違1件当たりの申告漏れ課税価格(④／②)	4,856 万円 5,047	5,277 万円 6,478	108.7 % 128.4

(注)　左肩数は、国内資産に係る非違も含めた計数を示す。

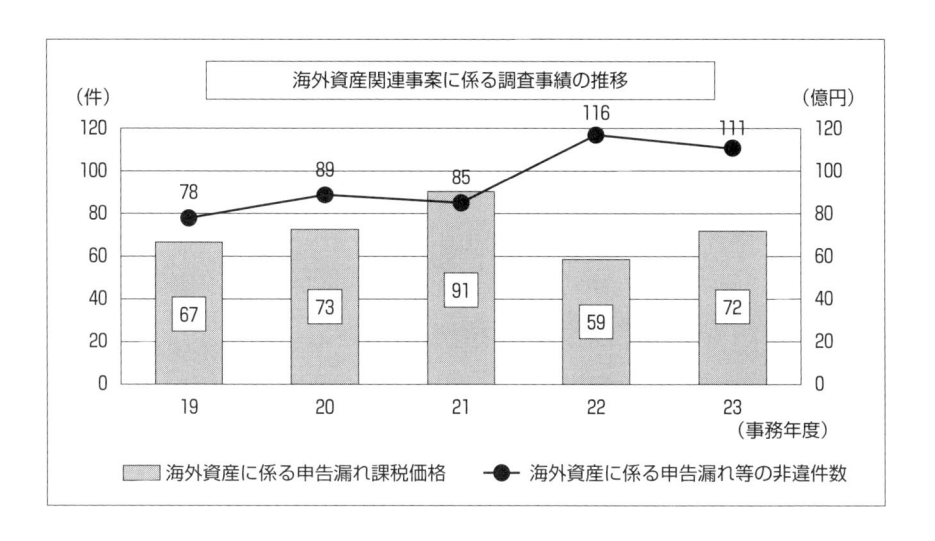

海外資産関連事案に係る調査事績の推移

事務年度	海外資産に係る申告漏れ課税価格（億円）	海外資産に係る申告漏れ等の非違件数（件）
19	67	78
20	73	89
21	91	85
22	59	116
23	72	111

（付表4） 無申告事案に係る調査事績

　国税庁は無申告事案は、申告納税制度の下で自発的に適正な申告・納税を行っている納税者の税に対する公平感を著しく損なうものであり、資料情報の更なる収集・活用など無申告事案の把握のための取組を積極的に行い、的確な課税処理に努めています。無申告事案については、本事務年度においても積極的に調査が実施される方向です。

	事務年度 項目	平成22 事務年度	平成23 事務年度	対前事務年度比
①	実地調査件数	1,050件	1,409件	134.2%
②	申告漏れ等の非違件数	795件	932件	117.2%
③	申告漏れ課税価格	1,055億円	1,213億円	114.9%
④	追徴税額 本税	67億円	71億円	104.7%
⑤	追徴税額 加算税	14億円	15億円	104.1%
⑥	追徴税額 合計	81億円	85億円	104.6%
⑦	実地調査1件当たり 申告漏れ課税価格(③/①)	10,052万円	8,609万円	85.6%
⑧	実地調査1件当たり 追徴税額(⑥/①)	775万円	604万円	78.0%

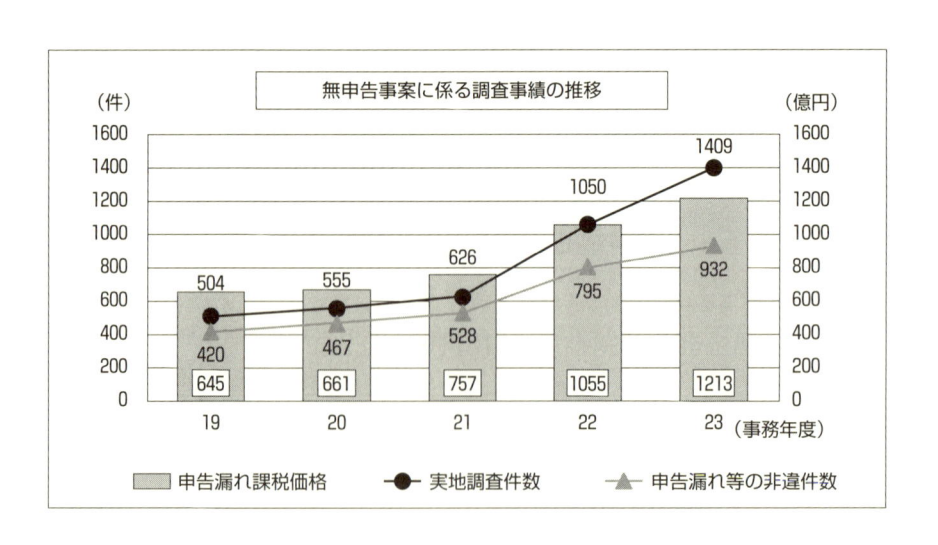

無申告事案に係る調査事績の推移

事務年度	19	20	21	22	23
申告漏れ課税価格	645	661	757	1055	1213
実地調査件数	504	555	626	1050	1409
申告漏れ等の非違件数	420	467	528	795	932

(付表5) 贈与税に係る調査事績

　国税庁では、相続税の補完税である贈与税の適正な課税を実現するため、積極的に資料情報を収集するとともに、相続税調査等、あらゆる機会を通じて財産移転の把握に努めており、無申告事案を中心に、本事務年度も積極的に贈与税の調査を実施する方向です。

項目		事務年度	平成22事務年度	平成23事務年度	対前事務年度比
①	実地調査件数		4,881件	5,671件	116.2%
②	申告漏れ等の非違件数		4,554件	5,331件	117.1%
③	申告漏れ課税価格		285億円	280億円	98.3%
④	追徴税額		92億円	79億円	86.6%
⑤	実地調査1件当たり	申告漏れ課税価格(③／①)	584万円	494万円	84.6%
⑥		追徴税額(④／①)	188万円	140万円	74.5%

① 調査事績に占める無申告事案の状況（平成23事務年度）

　国税庁では、あらゆる機会を通じて把握した生前の資産保有・移動状況に関する情報を蓄積・活用するなどして、贈与税の無申告事案の積極的な調査に努めています。

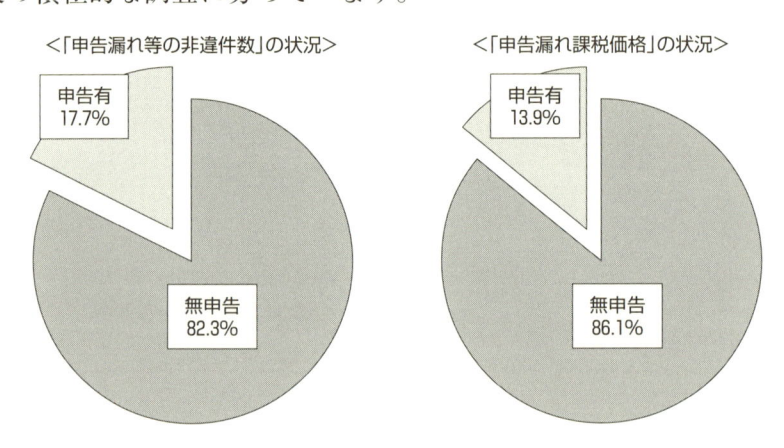

<「申告漏れ等の非違件数」の状況>
- 申告有 17.7%
- 無申告 82.3%

<「申告漏れ課税価格」の状況>
- 申告有 13.9%
- 無申告 86.1%

② 調査事績に係る申告漏れ財産の内訳（平成23事務年度）

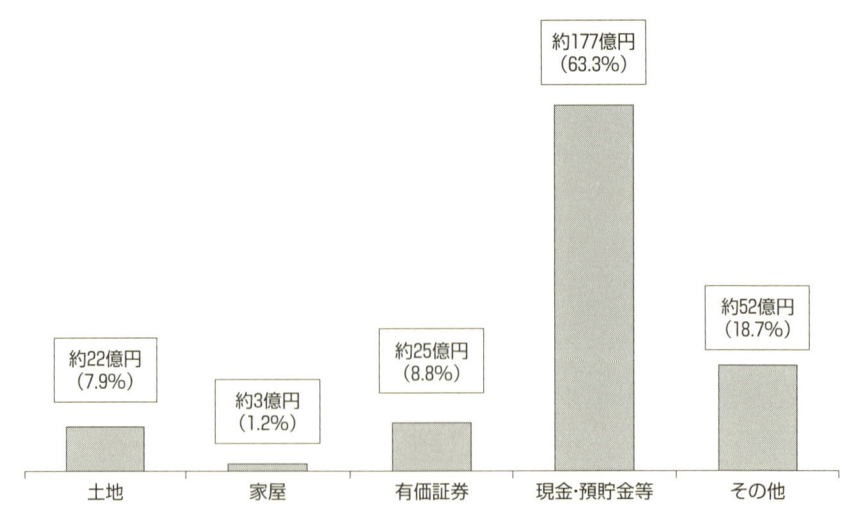

区分	金額	構成比
土地	約22億円	7.9%
家屋	約3億円	1.2%
有価証券	約25億円	8.8%
現金・預貯金等	約177億円	63.3%
その他	約52億円	18.7%

（注）　各財産の金額は申告漏れ課税価格、（　）内の数値は構成比。

第 2 章

相続発生から税務調査までの流れ

1 相続発生から税務調査までの流れ

　相続が発生しますと、税務署から「お尋ね」が届きます。それは、死亡した際に火葬（埋葬）許可証をもらうために市町村役場へ死亡届を出しますが、その火葬（埋葬）許可証の発行と同時に市町村役場は税務署にその旨を通知することとなっているのです。

　税務署は、その通知で亡くなったことを知り、その相続人等宛に「相続についてのお尋ね」という書類を発送するのです。しかし、すべての相続人に送っているというわけではなく、ある程度の予見、例えば基礎控除額を超える財産を所有されていると思われる場合などに送付して来るものと思われます。

　この「お尋ね」のねらいは、相続税の申告書の提出漏れが無いかどうかを税務署が調べるためです。土地・建物、株式、預貯金等を聞き、基礎控除額（現在、5,000万円＋1,000万円×法定相続人数。平成27年以後の相続等分から「3,000万円＋600万円×法定相続人数」に改正される見込みです。改正動向にご注意ください。）を超えている人が、申告書を出す準備をしているか確かめるために送付して来ているのです。ここから税務調査のきっかけができ、さらに、基礎控除額を超える相続財産のある相続人等に申告を勧めているとも言えます。

　この「お尋ね」に送付時期は、相続税の申告書の提出期限（相続発生後10か月）の前です。概ね亡くなられてから4か月から8か月ごろまでに送られて来ることが多いようです。

　さて、以下に実際の相続発生から相続税の税務調査が行われまで

の流れを見ていきましょう。

1 納税者（相続人）サイド

　納税者（相続人）から見ると、次の①から⑦までが、大まかな流れになります。それぞれの項目について、留意すべき事項や処理しておかなければならない手続などについて簡単に説明しておきます。

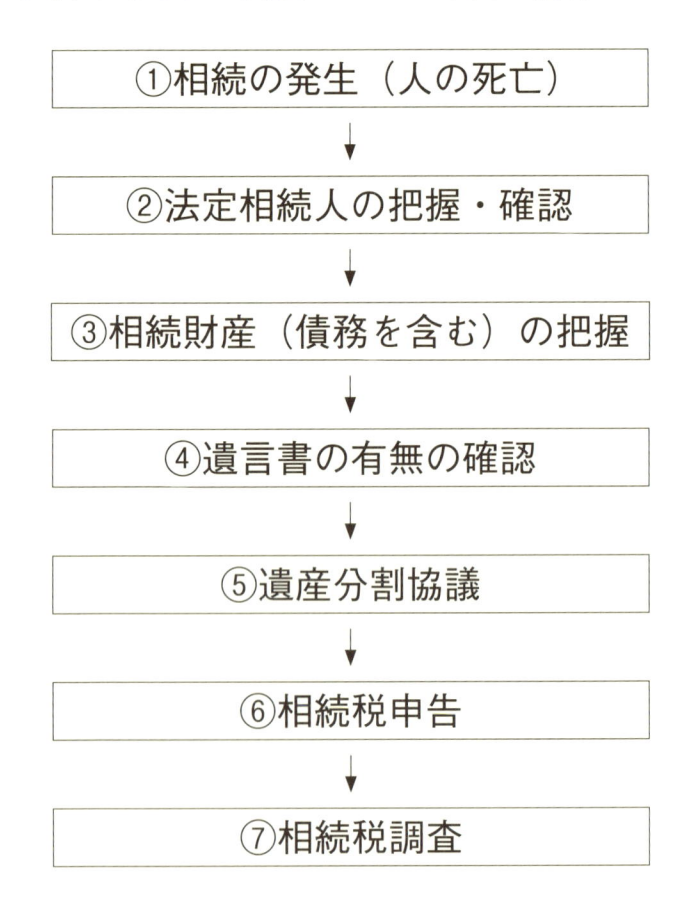

```
①相続の発生（人の死亡）
        ↓
②法定相続人の把握・確認
        ↓
③相続財産（債務を含む）の把握
        ↓
④遺言書の有無の確認
        ↓
⑤遺産分割協議
        ↓
⑥相続税申告
        ↓
⑦相続税調査
```

① 相続の発生（人の死亡）について

相続は人の死亡によって開始します。自然死亡については、民法第882条に規定されていますが、いわゆる「失踪」のような場合は民法第30条、第31条に規定されていますし、事故や災害などに遭って遺体が見つからないような場合は戸籍法第89条【認定死亡】の規定があります。

■ 自然死亡 ■

民法第882条（相続開始の原因）
　相続は、死亡によって開始する。

■ 擬制死亡 ■

民法第30条（失踪の宣告）
　不在者の生死が7年間明らかでないときは、家庭裁判所は、利害関係人の請求により、失踪の宣告をすることができる。
2　戦地に臨んだ者、沈没した船舶の中に在った者その他死亡の原因となるべき危難に遭遇した者の生死が、それぞれ、戦争が止んだ後、船舶が沈没した後又はその他の危難が去った後1年間明らかでないときも、前項と同様とする。

民法第31条（失踪の宣告の効力）
　前条第1項の規定により失踪の宣告を受けた者は同項の期間が満了した時に、同条第2項の規定により失踪の宣告を受けた

者はその危難が去った時に、死亡したものとみなす。

■ 認定死亡 ■

戸籍法第89条（認定死亡）
　水難、火災その他の事変によって死亡した者がある場合には、その取調をした官庁又は公署は、死亡地の市町村長に死亡の報告をしなければならない。但し、外国又は法務省令で定める地域で死亡があったときは、死亡者の本籍地の市町村長に死亡の報告をしなければならない。

　相続税の申告期限は、「相続の開始があったことを知った日の翌日から10月以内」となっています。
　「知った日」とは、相続税法基本通達7－4において「自己のために相続の開始があったことを知った日」とされており、失踪、認定死亡、遺贈等色々なケースごとに「知った日」の取扱いが示されていますので、そのような「相続開始」の場合には確認しておく必要があります。

② 法定相続人の把握・確認について

　相続が発生したら、法定相続人が誰であるかを把握・確認する必要があります。相続人となった方でも認識していない（被相続人から知らされていなかった。）場合もありますので、法定相続人の存在は必ず確認しておく必要があります。
　法定相続人の把握・確認を行うには、被相続人の出生時から死亡までの身分関係を調査する必要があり、戸籍謄本、除籍謄本、改正

原戸籍謄本、住民票等を入手して調査をしておきます。その際には、親族関係が明らかになるよう「相続関係図」を作成するとよいでしょう。

③　相続財産（負債を含む）の把握について

　相続税の申告に当たって一番困難な問題といっても過言ではないかもしれません。「被相続人の配偶者だから……」、「長男（長女）だから……」といって、被相続人から相続財産の全貌を引き継いでいるとは限りません。相続人が知らない相続財産があるかもしれません。また、親族間（相続人間）の人間関係に問題があれば、「相続」ではなく、「争続」となっている場合もあり、相続人の間で相続財産の隠し合いが行われている場合もあります。正しい相続税の申告を行うためには、相続人全員の協力を得て、正確に相続財産（負債を含む。）の把握を行うことが大切です。

　預貯金や借入金は、金融機関から「預貯金残高証明書」や「借入金残高証明書」を取って確認しましょう。不動産は「不動産登記事項証明書」や「固定資産税納税通知書」などで確認しましょう。

　また、相続人が相続財産とは思っていない財産でも、相続税法上相続財産となる、いわゆる「みなし相続財産」もあります。詳しいことは第8章を参考にして、相続財産を的確に把握してください。

④　遺言書の有無の確認について

　遺言によって行うことができることは、認知、遺贈、未成年後見人等の指定、相続分の指定とその委託等記載内容によって色々な指定等を行うことができます。普通方式による遺言には、「自筆証書

遺言」、「公正証書遺言」、「秘密証書遺言」がありますが、このうち、「公正証書遺言」は、証人2人以上が必要で、公証人の面前で遺言内容を確認することになっていますが、税理士として関わることがあるとすれば、この「公正証書遺言」です。

相続が発生したら遺言の有無について確認しましょう。

イ　遺言書がない場合

相続が発生すると被相続人の財産は遺言書がない場合には、共同相続人の共有財産となってしまい、被相続人の預金等が凍結され、相続人の一人が解約等の手続をしようとしても金融機関はロックをかけて対応してくれなくなります。一方、共同相続人全員の合意があり、金融機関所定の書類にその旨の記載をして署名と実印及び印鑑証明書などの添付があれば、遺産分割協議書を作成していなくても、金融機関は預金等の解約及び引き出しをしてくれます。

また、遺言書が残されていない場合には、共同相続人間で遺産分割協議により被相続人の財産を相続人に帰属させる手続が必要となります。遺産分割協議は、共同相続人及び包括受遺者の全員でいつでも行うことができます。

わが国は、法定相続人制度をとっていますので、民法で定めた相続人のみが遺産を相続することができます。相続人以外の者は、被相続人の遺言による遺贈か、被相続人との生前契約による死因贈与がなければ、遺産を承継取得することができなくなっています。

被相続人が遺言書を残しているかどうか確認してください。遺言書を残す方は、相続人や親しい人に「遺言書を残している」旨を知らせるのが普通です。

もし、遺産分割協議を行った後で遺言書が出てくると、再度遺産分割手続をやり直す必要が生じる場合があります。
　被相続人から遺言書を作成した事を知らされているのに、遺言書が見つからない事がありますが、自筆の遺言書であれば、もう一度注意深く探すしかありません。しかし、公正証書の遺言書の場合は、原本が公証役場に残されていますので、再度交付してもらう事ができます。どこの公証役場で作成したか不明な場合にも『日本公証人連合会』がコンピュータ管理していますので、近くの公証役場から探すことができます。
　遺言を残しているはずだが方式まで解らない場合、公正証書で作成した可能性がありますので、一度近くの公証役場へ問い合わせるとよいでしょう。

□　遺言書がある場合

　遺言書がある場合には、その遺言書が法的効力を有し、かつ遺留分にも配慮されているときで、共同相続人等がその遺言書どおり相続等することを選択すれば、その遺言書どおり遺産を相続できます。
　一方、その要件を満たさない場合や、共同相続人間の同意で遺言書によらず遺産分割協議によって遺産を相続することもできます。
　遺言は民法に定める方式に従わなければすることができない要式行為（一定の方式によることを必要とする行為）であり、方式に違反する遺言は無効となります。法的効力を有する遺言書で、遺留分の侵害もないときに、遺言書どおり相続することが共同相続人にとって望まれる内容ではないことや相続税の課税上も不利になることもありますが、遺言者の遺志どおり相続することを共同相続人が

選択する場合には、事務的に進めることになります。

また、遺留分と遺留分算定の基礎となる財産などについても共同相続人が適切に対応しなければなりません。遺留分の侵害がある場合の時効の取扱いについて注意が必要です。

八　遺言書の検認

遺言書（公正証書による遺言を除く。）の保管者又はこれを発見した相続人は、遺言者の死亡を知った後、遅滞なく遺言書を家庭裁判所に提出して、その「検認」を請求しなければなりません。また、封印のある遺言書は、家庭裁判所で相続人等の立会いの上開封しなければならないことになっています。

遺言書が封印されていたら、検認を受ける前に勝手に開封してはいけません。開封してしまうと、5万円以下の過料に処せられてしまいます。

検認とは、相続人に対し遺言の存在及びその内容を知らせるとともに、遺言書の形状、加除訂正の状態、日付、署名など検認の日現在における遺言書の内容を明確にして遺言書の偽造・変造を防止するための手続です。遺言の有効・無効を判断する手続ではありません。

⑤　遺産分割協議について

遺産分割協議を行う場合には、共同相続人などの権利者以外の方には席を外してもらいます。

遺産分割協議がまとまらない原因のひとつに、相続人以外の者による無責任な発言や配慮のない要求が行われることがあるからで

す。その上で、共同相続人に限定して遺産分割協議を行います。

　遺産分割案を口頭で伝えると誤った解釈で伝わることがあります。後日紛争になる可能性もありますので、文章にしてまとめるようにします。思い違いや誤解であとでもめないようにします。

　さらに、書面で提案をしていれば、他の方に相談する場合でも、遺産の現状などの前提条件を同じくできますので、お互いに理解がしやすく適切に処理することができます

＊未分割の場合の申告手続

　申告期限までに分割されていない財産がある場合には、その未分割財産は、共同相続人（又は包括受贈者）のそれぞれが、民法の規定（民法第900条～第903条）による相続分に応じて取得したものとし、債務の負担者が未確定の場合は、民法の規定（民法第900条～第902条）による相続分で配分して債務控除の適用を受けることとして各相続人の課税価格を計算します。（相続税法55条、相続税法基本通達55－1、13－3）

　申告期限までに遺産が未分割の場合、その未分割の財産については、以下の規定の適用がないか注意しましょう。

　　イ　配偶者の税額軽減
　　ロ　小規模宅地等についての課税価格の特例
　　ハ　特定計画山林についての課税価格の特例
　　ニ　特定事業用資産についての相続税の課税価格の計算の特例
　　　（平成21年改正前のもの）

また、「申告期限後3年以内に分割予定の場合」や、「申告期限後3年以内に分割できないやむを得ない事情がある場合」には、必要な手続がありますので注意しましょう。

⑥　相続税申告と納税について

　相続開始後10か月以内に相続税の申告と納付を行います。延納や物納の申請をする場合は申告と同時に行う遺産分割協議と並行して、各相続人ごとに相続税の納税方法の確認と準備をしなければなりません。延納を選択する場合には、原則として担保の提供が必要ですので、どの財産を担保提供するのかの検討をしなければなりません。

　また、やむを得ず物納による納税を選択する場合でも、金銭納付困難事由の要件を満たすための遺産分割の工夫が必要でしょう。土地の物納を行う場合には、測量図面なども添付しなければならないことになっています。

⑦　相続税調査について

　そして、最後に税務調査が入ります。相続税の税務調査は、一般的に相続税の申告後、半年から1～3年後くらいまでに行われるケースが多いようです。年間5万件弱の相続税の申告件数に対して調査件数が1万3千件くらい行われます。約4分の1ぐらいの割合で調査が行われていることになります。

　所得税や法人税よりかなり高い割合で、相続税の税務調査が入り、修正申告をしているものと思われます。

　相続税の税務調査における修正申告の中に、家族名義の金融資産

が被相続人の金融資産と判断され多くの修正事案となっていることなど相続税の税務調査の傾向を正しく理解し、適正申告を行うことがもっとも肝心なことであると思われます。

2 課税庁（税務署）サイド

　課税庁（税務署）から見ると、次に①から⑥までが、大まかな流れになります。それぞれの項目について、課税庁（税務署）ではどのようなことが行われているのか簡単に説明しておきます。

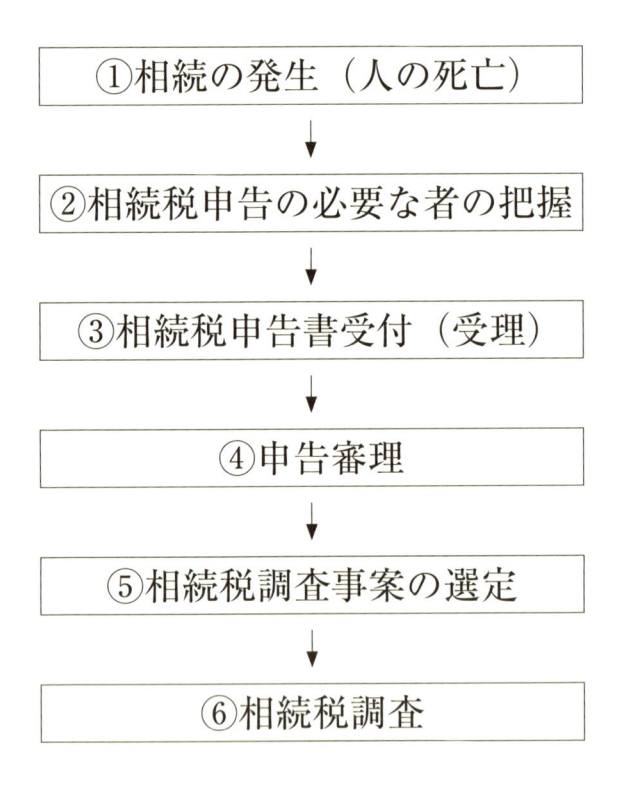

①相続の発生（人の死亡）
↓
②相続税申告の必要な者の把握
↓
③相続税申告書受付（受理）
↓
④申告審理
↓
⑤相続税調査事案の選定
↓
⑥相続税調査

① 相続の発生（人の死亡）について

新聞記事や生命保険金の支払い状況等色々な情報から相続の発生（人の死亡）を把握します。

② 相続税申告の必要な者の把握

課税庁（税務署）は、通年的にあらゆる方面から、課税に結びつく資料・情報（例えば、「個人事業者が事業を開業した」、「○○会社は△△会社と取引がある」）というような収集をしています。相続に関しても同様で、亡くなられた方の預貯金や不動産等の財産についての資料・情報を収集しています。

収集した情報の中から、被相続人の財産に関する情報を集約して、相続税の課税を行う必要がある（相続税申告の必要があると思われる）事案として把握しておきます。

③ 相続税申告書受付（受理）について

相続の開始があったことを知った日の翌日から10か月以内に相続税の申告書が提出されているかチェックします。

相続税開始があったことを知った日	その翌日	申告期限
5月5日	5月6日	3月5日
4月30日	5月1日	2月28日

（申告期限が土・日・祝日の場合は、休日明けになります。）

相続税申告の必要があると認められる方々（相続人）に対して、事前に相続税の申告書を送付する場合もあります。

④　申告審理

　提出された相続税申告書の内容等について、必要な書類が添付されているか、財産評価の方法に誤りはないか、税法の適用に誤りはないか等をチェックします。

⑤　相続税調査事案の選定

　申告審理の結果、申告内容に疑義があると認められた申告について、相続税調査を行うことを決定します。

⑥　相続税調査

　調査は、申告書を提出した納税者に対してだけ行われるのではなく、申告義務があるにもかかわらず申告書が提出されていない、いわゆる「無申告者」に対しても調査は行われます。

　また、国外財産調書制度（第6章2参照）が創設されたことから、国外財産に係る所得や相続財産の申告漏れについても調査が強化されると思われます。

第3章
相続税の税務調査の手法はこれだけある

1 税務調査の種類と内容

「税務調査」は、大きく分けて「任意調査」と「強制調査」の2つに分かれます。

(1) 強制調査

先にも述べましたが、納税者の申告内容を確認するために行われるのが任意調査で、国税局査察部の査察官（マルサ）が令状によって、強制的に証拠物件や書類を押収するのが「強制調査」と言います。

この「強制調査」は、国税局の査察部が行うもので、国税犯則取締法に基づき、裁判所の令状をもとに行われます。これは相当多額で悪質な脱税が探知された場合などに行われることとなっています。

また、「任意調査」の特別調査は、多額の申告漏れがありそうな場合、調査の対象範囲が広域にわたる場合、調査案件が複雑な場合等に、国税局の資料調査課等を中心に行われ、任意調査ですが、実質は強制調査に近いとも言われます。

なお、税務調査を実施する機関は、国税局と税務署であり、国税庁は調査を行いません（国税庁は、下部組織である国税局の指導監督をする機関だからです）。

(2) 任意調査

一方、任意調査とは、原則として申告の内容について確認をするために行われる税務調査で、調査のほとんどがこれに該当します。

任意調査とは言いつつも、税務署職員には「質問検査権」あり、

正当な理由なく断ることはできません。正当な理由なく断った場合には、所定の罰則が科せられることになりますので、ご注意ください。

この任意調査には、一般調査、特別調査、簡易調査の大きく三つの調査があります。

イ　一般調査

不審な点の解明や有効な資料の収集に重点をおいた調査を行う場合、この調査を一般調査と呼びます。

ロ　特別調査

特別調査は、多額の申告漏れがありそうな場合、調査の対象範囲が広域にわたる場合、調査案件が複雑な場合等に、国税局の資料調査課等を中心に行われるもので、任意調査ではありますが、実質は強制調査に近いといわれます。

税務署においても準備調査の結果、多額の申告漏れがありそうな場合や事業規模が大きく実態把握が困難な場合には、特別調査を行うのです。

一般調査だけでは不十分と判断された場合に、特別調査班という調査チームによって、より細かく調査を行います。脱税の疑いが濃い場合などに行われるため、事前連絡がない場合が多いようです。

ハ　簡易調査

その他の調査としては、源泉所得税担当部門による調査や、調査項目を絞り込んで短期間に終了する簡易な調査などがあります。

簡易な調査は、たとえば特定の経費等の内容や消費税などに絞って行われます。ただし、その調査の過程で他の項目の問題が把握された場合などは一般の調査に移行されます。納税者の方にとっては

一般の調査なのか簡易調査なのかはよくわからないようです。

さらにイ一般調査には、「机上調査」と「実地調査」があります。

① 机上調査

「任意調査」は、調査場所の別により「机上調査」と「実地調査」に分けられます。

机上調査とは、税務署等の内部にあって申告書や提出資料などの内容を検討する調査をいいます。厳密には、実地調査を省略することを決定した申告書について、以下のような調査に区別することができます。

狭義の「机上調査」	特例適用などの適否を検討するための「書面調査」、「呼出し調査」などを行うこと
実地調査のための「準備調査」	実地調査の対象者を選定し、かつ、重点調査事項を決定するなどを行うこと

そのため、準備調査は実地調査を効果的に行うことを目的とし、事前に調査事項を検討する役目を果たします。

特に、相続税の調査においては、申告後1～3年後に実地調査が行われるのが一般的ですので、他の税目に比べると十分な机上調査のうえに実地調査が行われる傾向が強いといえるでしょう。

■ **税務署が相続税の準備調査において使用すると思われる主な資料** ■

被相続人及び家族の所得税の確定申告書
同族会社の法人税の確定申告書
財産債務明細書
各種の法定調書
金融機関から取り寄せた取引記録等

② 実地調査

「実地調査」は、実際に調査対象となる納税者や、調査対象となる企業を訪問し、現金・預貯金等の財産の所在や、企業の帳簿や資料のチェックを行うことです。

一般的には、事前通知がなされた後に所轄の税務署の調査官が実地調査を行います。

大体３日間程度行われることが多いようです。ただし、この調査期間は財産規模や事業規模などの内容に応じて異なることがあります。

この実地調査はもっとも税務調査らしい調査で、この調査にもその形態により「準備調査」、「外観調査」「内偵調査」、「現況調査」、「反面調査」などがあります。

　ｉ　準備調査

準備調査とは、申告書や資料・情報から、申告内容の問題点をピックアップするために事前に行うものです。

通常は決算書類等を中心に、税務署内で行うのが一般的ですが、実際に現地の状況等を確認する「外観調査」を行う場合もあります。

ii　外観調査

　上記「準備調査」は、税務署内で行うのが一般的ですが、実際に現地に赴いて、現地の状況等を把握・確認することがあります。これを「外観調査」といいます。

iii　内偵調査

　上記の「外観調査」に加えて、税務調査官がお忍びで調査にくる場合があります。これを「内偵調査」といいます。税務調査官自らが現金商売をしている店舗などに実際にいって買い物をしたり、飲食店であれば食事をしたりするというものです。

iv　現況調査

　「現況」、つまり、調査日当日の状況をありのままに把握するために行うもので、レジの現金残高の確認や、当日の記帳（伝票類の作成）状況、重要書類（帳簿や預金通帳）やその保管場所等の確認を行います。飲食店等の現金商売をしているようなところを中心に行われることが多いようです。

　プライベートな場所での現況調査ではトラブルになるケースもありますから、調査を受ける側とすれば、目的等を明らかにしてもらいたいところです。

v　反面調査

　相続人等の内部資料だけでは、紛失・隠ぺい・偽造・変造・記憶違い・虚偽の答弁などの可能性がなくはありません。そのため、税務調査も相続人等の内部資料だけでなく、取引金融機関等の証憑書類や帳簿類を検査し、また金融機関等の従業員等に質問するなどして、相続人等の関係書類等と突き合わせる方法が行われます。これを「反面調査」といいます。

反面調査の対象者は、金融機関等に限らず、債権者や債務者などにも及びます。反面調査も、税法秩序の維持のために規定されたものですから、検査拒否や虚偽の答弁については、「自己の調査」の場合と同様の罰則が規定されています。

■税務調査の種類■

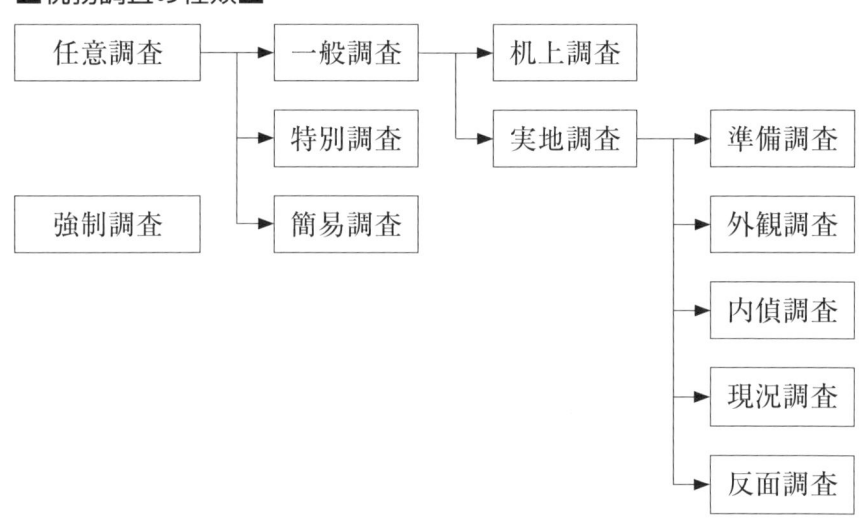

```
任意調査 ──┬→ 一般調査 ──┬→ 机上調査
           │               │
           ├→ 特別調査     └→ 実地調査 ──┬→ 準備調査
           │                              │
強制調査 ──┴→ 簡易調査                   ├→ 外観調査
                                          │
                                          ├→ 内偵調査
                                          │
                                          ├→ 現況調査
                                          │
                                          └→ 反面調査
```

（3）不服申立

　税務調査により国税当局より指摘を受けた事項のすべてについて納税者が納得するとも思われません。また、調査官がいつも正しい判断をしてくれるとは限りません。万が一、国税に対する不服が生じた場合、国税通則法には、国税に関する不服申立という救済措置があります。

　なお、この不服申立については、「異議申立」、「審査請求」、そして「訴訟」というの3つの方法があります。

イ　異議申立

　まず、原処分庁である税務署長又は国税局長に対する異議申立や、不服申立を行う場合の最初に行う手続です。この不服申立の申立期限は、処分通知の翌日から２か月以内に行わなければなりません。

ロ　審査請求

　次の段階で行う手続として、国税不服審判所長に対する審査請求があります。これは、異議決定書謄本送達の翌日から１か月以内に行うことになっています。

ハ　訴訟

　この請求に対する裁決に、さらに不服がある場合には、訴訟を提起することになります。これは、裁決から３か月以内に地方裁判所に対して行います。

　なお、青色申告者は、イの異議申立を飛ばして、ロの審査請求から入ることも認められています。

　このような不服申立は、国税に関する法律に基づく処分に不服がある場合に行うことができます。

　ところで、税務調査により行われる修正申告の勧奨（国税当局の計算に基づき修正申告の提出を求めることで、特に税務署による調査の場合には、修正申告が勧奨される場合が多いです）は、一種の行政指導と考えられています。

　したがって、調査官の勧奨に応じて修正申告した場合には、たとえそれが不本意であっても、その修正申告の是正を求める不服申立をすることはできませんので、注意してください。

第4章
税務調査の対応の仕方

1 税務調査の対応の仕方

　納税者（相続人）として、あるいは、相続税の申告書の作成を担当した税理士等として、自分が行った申告に対しては、「正しい申告をした。」という自信が少なからずあると思います。先に述べたように、課税庁（税務署等）は、申告の適否を検討するために、いろいろな形態の「調査」等を行うのですが、課税庁（税務署等）は、納税者（申告内容）をやみくもに調査するというわけではありません。申告書が提出されると、課税庁（税務署等）は、その申告内容が適正であるかどうかを検討します。その際には、課税庁（税務署等）は、事前に入手している資料・情報と、申告されている相続財産の内容を対比したり、税法に照らし合わせたり、様々な検討をします。その結果、「相続財産として申告されていない相続財産があると思われる。」、「相続財産としては申告されているが、財産の評価額が違う。」等の疑義が生じると、その申告内容を更に詳しく検討することになり、そこで初めて「調査する」ということになります。

　ここでは、納税者（相続人）として、あるいは、相続税の申告書の作成を担当した税理士等として、どのようにして「調査」に対応したらよいかを考えてみたいと思います。

　税務調査には、「任意調査」と「強制調査」の二種類があることは先に述べたとおりですが、一般的には、調査のほとんどは「任意調査」によって行われていますので、本章においては、「任意」による税務調査における対応の仕方を中心的に述べることにします。

　任意による調査おいても、事前に課税庁（税務署等）から、調査

に行く旨の連絡（「事前通知」という。）がある場合と、事前には何の連絡もない場合があります。

1 税務調査の「事前通知」があった場合

・「事前通知」当日及び「調査日」までの対応

「事前通知」は、ほとんどの場合、調査担当者から電話によって行われます。

（例）

　　○○税務署、資産課税部門の△△です。相続税の調査にお伺いしたいので電話しました。

> **対応 その1**
> 電話してきた税務署等の調査担当者の氏名、所属部署をしっかり聞き取ります。

「税務調査」と聞いて動揺し、調査担当者の氏名等を聞き逃すこともありますが、落ち着いて確認し、氏名等を記録しておきましょう。このことは、税務職員をかたった詐欺行為を未然に防止することにもなります。

■ 事前通知に関する手続 ■（法的根拠等の解説）

納税義務者に対し実地の調査を行う場合には、原則として、調査の対象となる納税義務者及び税務代理人の双方に対し、調査開始日前までに相当の時間的余裕をおいて、電話等により、

国税通則法第74条の9第1項に基づき、実地の調査において質問検査等を行う旨、並びに同項各号及び国税通則法施行令第30条の4に規定する事項（＊）を事前通知する。

　この場合、事前通知に先立って、納税義務者及び税務代理人の都合を聴取し、必要に応じて調査日程を調整の上、事前通知すべき調査開始日時を決定することに留意する。（ボーテン部分……筆者）

＊国税通則法施行令第30条の4に規定する事項（調査の事前通知に係る通知事項）
一　調査の相手方である納税義務者の氏名及び住所又は居所
二　調査を行う当該職員（当該職員が複数であるときは、当該職員を代表する者）の氏名及び所属官署
三　納税義務者は、合理的な理由を附して「調査開始日時」又は「調査開始場所」を変更するよう求めることができ、その場合には、税務当局はこれについて協議するよう努める旨
四　税務職員は、「通知事項以外の事項」について非違が疑われる場合には、当該事項に関して質問検査ができる旨

対応 その2

調査日時、調査場所を決定します。

　調査の事前通知があったその時に調査日時を決定する必要はありません。調査担当者から調査日時、調査場所を指定してくる場合がありますが、都合が悪ければ日時等を変更してもらう

こともできますし、「後日、日を改めて連絡します。」ということにして、関係者間（相続人、税理士等）で都合の良い日時等を相談して決定してから調査担当者に連絡することにしても差し支えありません。

■ 調査開始日時等の変更の求めがあった場合の手続 ■

事前通知を行った後、納税義務者から、調査開始日前に、合理的な理由を附して事前通知した調査開始日時又は調査開始場所の変更の求めがあった場合には、個々の事案における事実関係に即して、納税義務者の私的利益と実地の調査の適正かつ円滑な実施の必要性という行政目的とを比較衡量の上、変更の適否を適切に判断する。

対応 その3

申告書の作成、提出を納税者（相続人）自身が行っていた場合で、税理士に調査の場に立ち会ってほしい場合は、税理士に調査立会の依頼を行います。普段から顧問として税理士に依頼していない場合であっても、調査の際に、税務代理を委任して、調査に立ち会ってもらうこともできます。

調査開始日までに、税理士と顧問契約を行って、「税務代理権限証書」を税務署に提出することになります。

対応 その4

提出した相続税の申告書の控え及び申告書作成の基となった資料を準備しておきます。

　調査の際には、申告した内容等について説明を求められます。申告書を作成した際の基になった、被相続人名義の預金通帳等の資料を整理しておき、調査日までに準備しておきます。

　調査の際には、被相続人名義の資料だけでなく、相続人等親族名義の預貯金等の資料についても提示を求められる場合があります。

対応 その5

申告内容の再検討をしておきます。

　提出した申告書の控えを基に、申告漏れがなかったかどうか、申告誤り等問題点として指摘されるような項目がないかどうかなどについて、税理士と十分検討します。申告に際して、税理士に、正確かつ十分な情報が提供されていなかったら、正しい申告ができていない可能性もあります。税理士から、専門家としての疑問やアドバイスを受けながら、第6章「相続財産の種類別調査の傾向と対策」で述べる、相続財産別のチェック事項を参考にして、調査の際に質問される事項を想定しておきます。

> **対応 その6**
>
> 調査を受ける場所及びその周辺の整理・整頓をしておきます。

　税務調査に際しては、調査担当者は、被相続人の生前の生活状況や財産の管理状況だけでなく、相続人等親族の生活状況や財産保有の現状を調査・確認するため、居宅内の状況を観察したり、財産やその関係書類を実地に確認するため、財産の保管場所や関係書類の保管場所に赴き、それらを確認します。そのため、次に掲げるようなものについては、調査担当者に、申告漏れとなっている相続財産との誤解を与えないためにも、きちんと整理・整頓しておきます。

- 室内の装飾品等（絵画・古美術品・カレンダー）
- 金庫の中（預金通帳・不動産権利証・その他重要書類）
- 印鑑
- 貸金庫

2 「調査日」当日の対応等

・具体的な調査の進め方

　調査担当者は、納税者宅に到着すると、「〇〇税務署の者です。相続税の調査のためお伺いしました。」等、納税者に来意を告げます。

　調査主担者は通常一名です。調査当日は、二名以上で調査に行きます。調査主担者が調査経験が浅い職員であった場合には、ベテランの職員が指導役として同行し、二人で調査を進めるという場合もあります。

調査場所に通されると、身分証明書を提示します。その後、お悔やみを述べたり、調査場所に仏壇があれば、お焼香したりした後調査に移ります。

対応 その1
調査に訪れた調査担当者の身分を確認しましょう。

調査担当者は、税務職員であることの証明として、「身分証明書」を携行することになっています。また、調査に当たっては、その調査担当者に、当該税目（申告内容等）に関する調査権限があることを示す「質問検査章」を携行し、納税者等に提示することになっています。

■ 身分証明書等の携帯等 ■

実地調査をする場合には、身分証明書及び質問検査章を必ず携帯し、質問検査等の相手方となる者に提示して調査のために往訪した旨を明らかにした上で、調査に対する理解と協力を得て質問検査等を行う。

対応 その2
普段の来客者と同様の応接を心掛けましょう。

過度の接待饗応は必要ありません。国家公務員倫理規定等も

あり、調査担当者は昼食時においては食事の提供も断っています。調査場所近隣に食事をする場所がない場合は、調査担当者はやむを得ず相続人等を通じて出前を注文する場合がありますが、その場合でも昼食代金は調査担当者が実費を支払います。したがって、普段の来客者に提供する程度の茶菓で応接します。

> **対応 その3**
> 調査担当者からの質問等には落ち着いて応答しましょう。

　調査開始といっても、いきなり書類の提示を求めたり、預金内容を確認したりするわけではありません。
　調査のベテランになればなるほど、世間話から始めます。その世間話の中から、被相続人の趣味や生前の仕事ぶり、あるいは被相続人やその家族の生活ぶりを聞き出すために、相続人にいろいろ話を投げかけます。そのようにして、後に行う財産調査の際のヒントになるものがないかどうか情報収集するわけです。
　これらは、
・被相続人の生前の状況から判断して相続財産が妥当かどうか
・他に相続財産と思われる資産がないかどうか
・実質的な財産の管理はだれが行ってきたか
・申告されていない預貯金がないかどうか
というような検討を行う際の参考情報とするのです。
　具体的な質問等は、88ページで、質問の内容、その質問によって調査担当者がどのような検討を行おうとしているのか詳しく

説明していますから参考にしてください。

　調査担当者からの質問で、専門用語がわかりにくかったり、質問の意味がわかりにくかった場合は、質問の内容がよく理解できるまで、調査担当者に逆に質問するなど、落ち着いて答えましょう。即答する必要はありません。場合によっては、内容を確認するための時間をとって、後日回答することにしても差し支えありません。

対応その4

調査担当者の質問検査権の行使（質問や書類の確認等）の際は、逸脱と思われない限り調査に応じます。

　質問検査権の行使には法的な根拠があります。質問検査権の範囲内であれば、拒否することはできません。質問に対する答弁を拒否したり、虚偽の答弁をしたり、書類の提示を拒んだりした場合は罰則規定があります。

対応その5

調査担当者から、帳簿書類等（その写しを含む。）の提示を求められた場合は、第三者に閲覧させても問題がないかどうか書類の内容等についてよく確認し、必要最小限の範囲で提示等を行います。

例えば、
- 関係のない人の名前が記載されている。
- 第三者からの預り物で、自分が勝手にはできない。

というようなものであれば、その旨を調査担当者に説明し、必要最小限の提示にとどめます。

■ 帳簿書類その他の物件の提示・提出の求め ■

　調査について必要がある場合において、質問検査等の相手方となる者に対し、帳簿書類その他の物件（その写しを含む。）の提示・提出を求めるときは、質問検査等の相手方となる者の理解と協力の下、その承諾を得て行う。

対応 その6

　調査担当者から、「税務署において検討したいので、必要書類を預からせてほしい。」旨の申し出があった場合は、その必要性等、書類を持ち帰らなければならない理由を十分聞き、必要最小限の範囲で許可するようにしましょう。
　書類を預ける場合も、書類の原本ではなく、可能な限りその書類のコピーを手渡すようにしましょう。
　また、預けた関係書類がきちんと返却されるよう、必ず預けた書類の「預かり証」をもらっておきましょう。

■ 提出を受けた帳簿書類等の留置き ■

　提出を受けた帳簿書類等の留置きは、
① 　質問検査等の相手方となる事務所等で調査を行うスペースがなく調査を効率的に行うことができない場合
② 　帳簿書類等の写しの作成が必要であるが調査先にコピー機がない場合
③ 　相当分量の帳簿書類等を検査する必要があるが、必ずしも質問検査等の相手方となる納税者の事業所等において当該相手方となる者に相応の負担をかけて説明等を求めなくとも、税務署や国税局内において当該帳簿書類等に基づく一定の検査が可能であり、質問検査等の相手方となる者の負担や迅速な調査の実施の観点から合理的であると認められる場合

　など、やむを得ず留め置く必要がある場合や、質問検査等の相手方となる者の負担軽減の観点から留置きが合理的と認められる場合に、留め置く必要性を説明し、帳簿書類等を提出したものの理解と協力の下、その承諾を得て実施する。

2 調査担当者が行う質問

　調査担当者は、調査を開始すると、単刀直入に、申告された相続財産の確認だけを行うのではなく、世間話などを交えながら被相続人やその家族の生活状況を聞き出し、申告漏れとなっている相続財産につながる資料・情報やヒントがないかどうかを検討します。ここでは、調査担当者の質問の持つ意味について考えてみたいと思います。

1　被相続人の職業は何でしたか？
2　会社でのポストは何でしたか？

3　被相続人の趣味は何でしたか？
4　親しいご友人は多かったですか？

5　被相続人の口癖は？
6　被相続人の生活ぶりは如何(いかが)でしたか？

7　被相続人がお亡くなりになった原因は何ですか？
8　入院期間はいつからいつまでですか？
9　死亡前の病状等はいかがでしたか？

10　相続開始前後の預貯金等財産の管理者はどなたでしたか？
11　その管理はどのようにされていましたか？

12　相続税の納税資金はどうされましたか？
　　どなたがどのように調達されましたか？

※質問№7～12が　調査の核心的質問といえます。
　調査担当者に、誤解や先入観を与えないように、慎重に受け答えしましょう。

→ 株式等の保有状況
好不況の時期を基に、蓄財の状況等を検討します。

→ 趣味（ゴルフ、書画骨董）から派生する資産（ゴルフ会員権、美術品）がないかどうかを検討します。

→ 蓄財の方法や程度等の検討の参考にします。

→ 生前の被相続人の状況から、実質的な財産管理を行っていたのは誰か、その管理を始めたのはいつ頃からか等の検討の参考にします。

→ 生命保険、損害保険等の受け取り状況や実質的な財産の管理者は誰なのか等の検討の参考にします。
被相続人以外の名義の財産の形成状況と照らし合わせて、相続財産かどうかの確認を行います

→ 相続財産の一部が納税資金に充当されていないか、あるいは、申告漏れとなっている財産から支出されたのではないかを検討します。

3 調査担当者が行う検査項目及び検査方法等

　前に述べたように、調査担当者は、調査を開始すると、世間話などを交えながら被相続人やその家族の生活状況を聞きだし、申告漏れとなっている相続財産につながる資料・情報やヒントがないかどうかを検討しますが、併せて、実地にそれらの書類の保管場所に案内させ、他に重要書類等がないかどうか確認します。

　ここでは、調査担当者の検査の持つ意味について考えてみたいと思います。

1　預金通帳
相続財産として申告された預貯金の通帳等を提示させるとともに、その保管場所に案内させて保管方法や保管状況を確認します。

2　不動産権利証
相続財産として申告された不動産の権利証を提示させるとともに、その保管場所に案内させます。

第4章 税務調査の対応の仕方

申告されている相続財産以外の財産（預金通帳等）や、それらの存在を思わせるような資料やメモがないかどうか確認します。

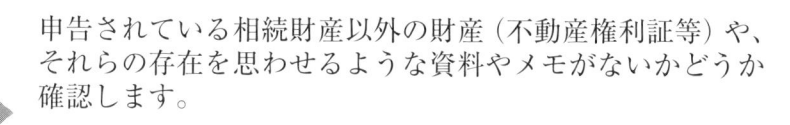

申告されている相続財産以外の財産（不動産権利証等）や、それらの存在を思わせるような資料やメモがないかどうか確認します。

＊預金通帳等と不動産権利証等が別々の場所に保管してある場合には、それぞれの場所を確認します。

3 印鑑
被相続人の使用していた印鑑(被相続人名義の預貯金等に使用されていた印鑑及び被相続人名義の不動産権利証等に使用されていた印鑑)を提示させるとともに、その保管場所に案内させます。

4 相続人の筆跡
相続人の住所・氏名等を便箋等適宜の用紙に記載させます。

5 その他参考資料となるものの確認
香典帳、芳名録、電話帳、日記、年賀状、その他メモ類があればそれらを確認します。

第4章　税務調査の対応の仕方

数種類の印鑑があった場合は、すべての印鑑の印影を取ります。
まず、「空打ち」といって、朱肉を使わずに適宜の用紙に押印して印影を取ります。その次に朱肉を使って鮮明な印影を取ります。
空打ちして印影が写ればその印鑑は最近まで使用されていたことが窺われますし、印影が写らなければその印鑑は最近使用されていないことが窺われます。預金の管理者が誰であったかや名義預金の判定の参考になります。

被相続人の預貯金の入出金の際に作成した伝票等や重要取引の関係書類（契約書、取締役会議事録等）の筆跡と突合するなど、預貯金の口座開設や重要書類の作成等を誰が行ったかの判定を行う際の参考資料になります。

金融機関関係者等相続財産として申告されている財産のうち、預貯金等金融財産に係る金融機関関係者以外の金融機関関係者との交友がないか、また、被相続人等が書き残した相続財産の処分に関するメモ等がないかなどチェックします。

第5章 相続財産の判定

第5章 相続財産の判定

1 家族名義の預貯金等の判定基準

　相続人名義（家族名義）の資産であっても、相続財産であると課税庁（税務署等）から指摘される場合がありますが、相続財産であると判定された根拠や、基準といったものにはどのようなものがあるのか考えておきましょう。本来、家族名義であっても、あらぬ疑いをかけられて、相続財産だと誤認されても困ります。そうならないためにも、家族名義の財産と相続財産の分かれ目を理解しておいたほうがよいと思います。

　では、その根拠や基準というものはどのようなものでしょうか。

　それは、大きく分けて3点あります。その一つは、「財産を形成するにあたって、その財産の基になった『財源』はなにか。」ということです。二つ目は、「その財産を管理している、あるいは管理していた『財産管理者』は誰か。」ということです。三つ目は、「その財産を運用している、あるいは運用していた『運用者』は誰か。」ということです。

　これら3点を総合的に検討して、当該財産の真実の所有者（権利者）が誰であったかが判断されます。当該財産の名義は被相続人ではなく、被相続人の家族名義であっても、被相続人の財産であると認定されたり、被相続人の家族名義固有の財産と判断されるのです。

　それでは、どのような場合に相続財産と認定されるのか、また、どのような場合に相続人固有の財産と認定されるのか、それぞれの場合に分けて、先に述べた3点についてそれぞれ考えてみましょう。

97

1 相続財産と認定される場合

●財源が何であったかという点からみる

　財産の名義人は相続人であっても、その財産が形成されるにあたって、その財源が被相続人の預貯金等を解約したり、あるいは被相続人の預貯金から出金されていた場合や、被相続人の生前の所得（給与所得や不動産所得）から形成されたり、その所得を基に蓄積されていた場合、また、財産の名義人が、幼少であるなど、その財産を形成するにあたって十分な収入（所得）がないという場合、当該財産の形成に当たって被相続人の所得・財産がその財源であったと思われる場合には、たとえ財産の名義人が被相続人でなかったとしても、被相続人の財産であると認定される可能性があります。たとえ被相続人から過去に贈与されたものだと主張しても、贈与税の基礎控除額を上回っており、贈与税の申告がない場合には同様に、被相続人の財産であると認定される可能性があります。

●財産管理者が誰であったかという点からみる

　財産の名義人は相続人であっても、その財産の管理を被相続人が行っていたという形跡がある場合、例えば、預貯金等であれば、当該預貯金等の通帳を被相続人が自分の自宅や被相続人名義の貸金庫等で保管・管理していたり、当該預貯金が形成されるにあたって使用された印鑑が、被相続人が通常使用していたものと同一であったり、通常使用されていた印鑑と同一ではないが、その印鑑を被相続人が保管・管理していた場合や、金融機関から送付されてくる預貯金等に関する書類が名義人の住所地ではなく、被相続人の自宅宛で

あった場合など、当該財産の管理を被相続人自らが行っていたと思われる場合には、たとえ財産の名義人が相続人であっても、被相続人の財産であると認定される可能性があります。

●財産の運用者が誰であったかという点からみる

　財産の名義人は相続人であっても、その財産の運用を被相続人が行っていたという形跡がある場合、例えば、預貯金等であれば、当該預貯金の口座開設手続を被相続人が行っていたり、預貯金の入出金手続や満期の際の継続手続を被相続人が行っていたという場合や、当該預貯金の利息を被相続人名義の預金に入金し、それを被相続人が費消していたという場合などは、当該預貯金の「運用者」は被相続人であったことが窺えます。また、当該預貯金について、銀行手続は相続人が行っているが、その行為が被相続人からの指示によるものであったり、当該預貯金の運用についての最終決定権者が被相続人であった場合など、当該財産の運用を被相続人自らが行っていたと思われる場合は、たとえ財産の名義人が相続人であっても、被相続人の財産であると認定される可能性があります。

2 相続人の固有財産と認定される場合

●財源が何であったかという点からみる

　財産の名義人は相続人であっても、その財産が形成されるにあたって、その財源が相続人自らの預貯金等を解約したり、あるいは相続人自らの預貯金から出金されていた場合や、相続人の所得（給与所得や不動産所得）から出金されたり、その所得を基に蓄積されていた場合などは、当該財産が形成されるに当たっての財源は相続

人固有のものであったことが窺えることから、相続人（名義人）固有の財産と認定されることになると思います。また、被相続人の預貯金等が財源であると思われる場合であっても、相続人（名義人）から贈与税の申告が行われている場合などは、相続人（名義人）の財産であると認定されることになります。

●財産管理者が誰であったかという点からみる

　財産の名義人は相続人（名義人）であって、その財産の管理も相続人（名義人）が行っていたという形跡がある場合、例えば、預貯金等であれば、当該預貯金等の通帳を相続人（名義人）自らが自宅や相続人（名義人）名義の貸金庫等で保管・管理していたり、当該預貯金が形成されるにあたって使用された印鑑が、相続人（名義人）が通常使用しているものと同一であったり、その印鑑を相続人（名義人）が保管・管理していた場合など、当該財産の管理を相続人自らが行っていたと思われる場合は、相続人（名義人）の財産であると認定されることになります。

●財産の運用者が誰であったかという点からみる

　財産の名義人は相続人であって、その財産の運用を相続人自らが行っていたという形跡がある場合、例えば、預貯金等であれば、当該預貯金の口座開設手続を相続人が行っていたり、預貯金の入出金手続や満期の際の継続手続を相続人が行っていたという場合や、当該預貯金の利息を相続人名義の預金に入金し、預貯金に被相続人等の財産を名義人である相続人が自らの意思によって入出金していると思われる場合は、相続人（名義人）の財産であると認定されるこ

とになります。

2 相続財産の認定に関する裁判例

　これまで、よく問題となる相続財産に該当するのかしないのか、名義財産に該当するのかしないのかなどについてみてきましたが、その相続財産になるのかどうかについて争われた興味のある裁判例がありますので、以下にその概要を掲げておきます。

　この裁判例は、相続財産に被相続人の貸付金債権や不当利得返還請求債権が含まれるなどとして、税務署長から相続税の更正処分(本件更正処分)及び過少申告加算税の賦課決定処分(本件賦課決定処分)を受けたため、それらの更正処分等はいずれも違法であるとして、本件更正処分(ただし、裁決による一部取消し後のもの)の一部(申告納付税額を超える部分)及び本件賦課決定処分(ただし、裁決による一部取消し後のもの)の取消しを求めた事案です。

　東京地裁は、この事案に関し、当該貸付金債権は存在せず、仮に存在した可能性があったとしても、債権金額の全部が課税時期においてその回収が不可能又は著しく困難であると見込まれるものとして、それらの金額は元本の価額に算入しないこととすべきであると判示し、原告側の更正処分取消請求の一部を認容する判決を言い渡しました(平成21年(行ウ)第333号)。

(1) 事案の概要

　本件は、被相続人を亡Ｐ１とする相続に際し、相続税の申告をした原告が、税務署長から、

① 亡P1の相続人等に対する貸付金債権
② 亡P1の相続人P4に対する不当利得返還請求債権
③ 亡P1の相続人P5に対する不当利得返還請求債権

が相続財産に含まれるなどとして、相続税の更正処分等を受けたため、本件更正処分等はいずれも違法であるとして、本件更正処分（裁決による一部取消し後のもの）の一部（申告納付税額を超える部分）及び本件賦課決定処分（裁決による一部取消し後のもの）の取消しを求めた事案である。

(2) 前提事実及び訴訟提起に至る経緯等

イ　相続の開始

亡P1は、平成▲年▲月▲日に死亡した。同人の相続人は、長男P4、次男P5、三男原告の3名（以下、この3名を併せて「原告等」という。）であった。

ロ　相続税の申告等

① 原告・・平成16年4月　相続税申告書提出
② 原告・・平成17年3月　更正の請求
③ 税務署長・・同年6月　更正をすべき理由がない旨の通知
④ 税務署長・・平成19年3月　相続税更正処分及び加算税賦課決定処分
⑤ 原告・・平成19年4月　異議申立て
⑥ 税務署長・・同年12月　異議申立て棄却
⑦ 原告・・平成20年1月　審査請求
⑧ 平成21年1月　本件更正処分等の一部取消　裁決

⑨　原告・・平成21年7月本件訴訟　提起

(3) 争点

本件の争点は、亡Ｐ１の相続財産の内容であり、具体的には次のとおりである。
①　本件貸付金債権の有無及び立証責任
②　Ｐ４の不正使用金債権の有無及び価額
③　Ｐ５の不正使用金債権の有無及び価額

(4) 争点に対する当事者の主張
　イ　争点①（本件貸付金債権の有無）について
（被告の主張の要旨）
　原告は、更正をすべき理由がない旨の通知処分を受け、同通知処分に対して、異議を申し立てていないところ、上記通知処分後に本件更正処分がなされたことを奇貨として、本来、更正の請求により減額を求めるべき本件貸付金の不存在を、本件更正処分の適法性を争うために主張しているから、このような場合には、納税者（原告）において自らの申告の際に確認した内容が課税要件事実を満たしていないことを積極的に主張・立証すべきである。
（原告の主張の要旨）
　本件貸付金債権については、別件訴訟において、それぞれその存在が認められない旨の判決がされ、同判決がいずれも既に確定しているから、本件更正処分等には、その存在を前提として本件相続税に係る相続税の課税価格及び原告が納付すべき税額を算出した誤りがある。

ロ　争点②（P4不正使用金債権の有無及び価額）について
（被告の主張の要旨）
　本件相続の開始時点において、不正使用金相当額の不当利得返還請求債権及び当該請求債権に係る遅延損害金支払請求債権を有していたことは明らかであるし、当該債務に相当する金額の金員を贈与した事実も認められない。
（原告の主張の要旨）
　不正使用金債権の承継部分は、債権者としての地位と債務者としての地位が同一人に帰属するため、混同法理により当然に消滅するから、そもそも相続財産にはならないし、本件相続の開始時点において、その回収が不能であり、その時価評価が零であるから、相続税の課税対象にはならない（混同法理）。

ハ　争点③（P5不正使用金債権の有無及び価額）について
（被告の主張の要旨）
　本件相続開始時点において、被相続人は原告等に対し、不正使用金相当額の不当利得返還請求債権及び当該請求債権に係る遅延損害金支払請求債権を有していたことは明らかである。
　不正使用金債権のうち、たとえ本件相続に債権と債務が帰属することに伴い混同が生じたとしても、本件相続に係る相続税の計算上、何ら影響するものではなく、その基礎となる本件相続人らが取得した財産の価額から混同により消滅する部分を除外する必要はないし、不正使用金債権の一部が混同によって消滅するとしても、その時価に影響は与えない。
（原告の主張の要旨）

本件相続開始時点において、被相続人は不正使用金相当額の不当利得返還請求債権及び当該請求債権に係る遅延損害金支払請求債権を請求しておらず、当該債権を有していないことは明らかである。

また、「混同法理」によるＰ５不正使用金債権の減少及びその一部が混同により消滅し、その回収が不能となるから、当該部分についての評価は零となり、相続税の課税対象にはならない。

（5）裁判所の判断の概要

イ　争点①（本件貸付金債権の有無及び立証責任）について

相続税に関する課税処分の取消訴訟においては、相続財産の存在及びその金額について被告（処分行政庁）が立証責任を負うことはいうまでもないから更正をすべき理由がない旨の通知処分（本件処分通知）を受けながら、これに異議を申し立てていないものが含まれているとしても、被告（処分行政庁）は、当該財産を含む本件相続に係る相続財産の存在及びその金額について立証責任を負うものと解すべきことは当然である。

原告は、本件訴訟において、本件更正処分のうち申告額を超える部分のみを争っているのであり、本件更正処分等によって確定された税額が総額において租税法規によって客観的に定まっている税額を上回らないことは、被告において立証すべきことは明らかであって被告の主張は採用することができない。

また、本件貸付金債権の有無については、別件訴訟の判決等事情を総合考慮すれば、本件貸付金債権発生事実を認めるに足る証拠はない。

ロ　争点②（P4不正使用金債権の有無及び価額）について

　本件相続の開始時点において、不当利得返還請求債権及び当該請求債権に係る遅延損害金請求債権を有していたことが認められる。

　被相続人が高齢であり、原告らと実の親子関係にあったことも考慮すれば、不正使用金の返還を求めなくても不自然不合理ではない上、積極的に財産の不正使用を了承する意思を示したことはなかった以上、不正使用金の返還を求めない意思を有していたとまでは認めることができないから、不正使用金の返還を求めていないことのみをもって、その返還を免除し、又は当該金員を贈与したとはいえず、原告の主張は理由がなく採用することができない。

八　亡P1の相続財産となるP4不正使用金債権の価額について

　民法は、債権及び債務が同一人に帰属したとき（1個の債権について、その債権者としての地位と債務者としての地位とが同一人に帰属することを、以下「混同」という。）は、その債権は、これが第三者の権利の目的であるときを除き、消滅する旨規定している（民法520条）が、その趣旨は、混同が生じたときは、自分が自分に対して請求することや自分の財産を一方から他方に弁済することは通常意味のないことであることから、その債権は、原則として、便宜上消滅させることとしたものであると解される。

　相続財産である金銭債権を相続した共同相続人の中に混同を生じる者がいる場合においては、① 相続の開始により、当該金銭債権が法律上当然に分割された上、各共同相続人に相続分に応じて承継されるが、② その結果、当該金銭債権の債権者としての地位と債務者としての地位を有するに至った者については、その承継に係る

部分が直ちに混同（民法520条）により消滅し、その反射的効果としてその者にその承継に係る部分に相当する債務の減少という利益（以下「混同による債務減少利益」という。）がもたらされることになる。

　このように、上記①のとおり、その者が相続の開始により当該金銭債権のうち混同が生じる部分を承継取得することを当然の前提としており、上記②の時点における「混同」は、法律上の便宜的な処理として認められたものにすぎないということができる。

　そうであるとすれば、当該金銭債権のうち混同が生じる部分についても、相続の開始により、共同相続人の1人に承継取得される以上、相続税法2条1項及び11条の2第1項にいうに「相続・・・により取得した財産」該当するというべきであり、これがその取得と同時に混同により消滅したことをもって、その該当性を否定することはできないと解すべきである。これを「財産」の価額及び担税能力の見地から見ても、ここで相続により取得した財産は金銭債権であり、原則としてその債権額がその価額になるところ、混同により消滅するものについても、現実には、上記②のとおり、当該金銭債権の債務者としての地位を有していて相続により債権者としての地位をも有するに至った相続人については、混同による債務減少利益がもたらされており、これは、いわば相続の開始により相続人に帰属した金銭債権に代わるものといえるし、当該金銭債権の債務者としての地位を有していた相続人にとっては混同による債務減少利益という担税能力の増加が見られるのであり、相続税法2条1項及び11条の2第1項にいう「財産」は、金銭に見積もることができる経済的価値のあるものの全てをいうと解されることからすると、混

同による債務減少利益自体が「相続により取得した財産」に該当するとみることもできる（相続税法8条及び9条は、対価を支払わないで債務の免除等による利益を受けるなどした場合は、当該利益を贈与又は相続によって取得したものみなして贈与税又は相続税の課税対象としており、上記のように解することが同法の目的・趣旨に反するとはいえないし、他方、混同による債務減少利益が、債務の免除等による利益とは異なり、上記のとおりいわば相続の開始により相続人に帰属した金銭債権に代わるものであることをも併せ考慮すれば、同法2条1項及び11条の2第1項の文言（相続…により取得した財産）に反するともいえない。）。こうした点からしても、前記の解釈を不当ということはできない。

　なお、混同による債務減少利益は、当該金銭債権のうち上記の者に承継された部分に係る債務が消滅するのと同時に確定的に生じるものであることに照らすと、混同による債務減少利益の「価額」は、混同により消滅した当該部分に係る債務の返済されるべき金額（当該債務の遅延損害金債務がある場合には、課税時期現在の既経過遅延損害金として支払を受けるべき金額も含む。）であるというべきであるから、「相続により取得した財産」を当該金銭債権とみるにせよ、その代替物としての債務減少利益とみるにせよ、本件相続の開始時点において、その回収が不能であり、その時価評価が零であるなどの理由から相続税の課税対象にならないということはできない。

　以上によれば、原告の主張は、いずれも理由がないから採用することができない。

二　争点③（Ｐ５不正使用金債権の有無及び価額）について

　不当利得の制度の趣旨に鑑みれば、受益者が法律上の原因なく利得した物を第三者に売却処分した場合には、それが代替性のある物であったとしても、受益者は、損失者に対し、原則として、売却代金相当額の金員の不当利得返還義務を負うと解するのが相当であり、上記原則と異なる解釈をすべき事情がない限り、受益者が損失者に対して同種・同等・同量の物の不当利得返還義務は負わないものと解すべきである。

　また、争点②と同様、被相続人が不正使用金債権に基づく請求をしないことのみをもって、その返還を免除し、又は当該金員を贈与したとはいえず、原告の主張は採用することができない。

ホ　亡Ｐ１の相続財産となるＰ５不正使用金債権の価額について

　Ｐ５不正使用金債権のＰ５承継部分は、Ｐ５に承継されると同時に混同（民法520条）により消滅するが、その反射的効果として、Ｐ５がＰ５不正使用金債権のＰ５承継部分に係る債務の減少という利益を得ることになり、不正使用金債権の承継部分が相続により取得した「財産」として、本件相続に係る相続税の課税対象になり、本件相続人らが取得した財産の価額から除外する必要はない。

第6章

相続財産の種類別調査の傾向と対策

1 相続財産の種類別調査の傾向と対策

　相続税の申告を行うに当たって、考え違いや判断誤りをする、あるいは、事実関係の把握が不足していたといった理由により誤った申告をしてしまうことがあります。誤った申告を行わないためにはどのような点に留意しなければならないでしょうか。

　この点について、課税庁（税務署等）が相続税の調査を行うに当たってどのような点に注目して調査（申告内容の検討）を行うのかということ（【傾向】）に着目することによって、納税者（相続人）、税理士等として、正しい申告を行うためにはどのような点に注意しなければならないか（【対策】）という観点から述べます。

1 土地及び家屋等

傾向

- 申告漏れ不動産がないかどうかを確認するため、被相続人の先代名義や相続人名義の不動産の有無を確認するとともに、利用状況等を調査する。（場合によっては実地に現地を確認することがある。）
- 所有不動産から派生する関連所得（不動産の家賃収入）の申告漏れがないかどうか確認するため、預貯金の入金内容等を調査する。

対策

- 市役所等から送付される「固定資産税通知書」等を確認して、相続財産の計上漏れがないかどうかチェックする。

特に、遠隔地（海外を含む）に不動産を所有している場合に、相続人においても相続財産として失念している場合があるので、十分な聞き取りが必要である。
- 山林や農地等については、公簿上の面積を実測面積が上回っている場合（「縄延び……なわのび」という）があるので、面積にも注意しておく必要がある。
- 被相続人の預貯金について、入金状況を確認し、不動産収入と思われる入金がないかどうか確認するとともに、相続人から不動産の利用状況等について聞き取りしておく必要がある。

2 現金

傾向

- 現金の申告漏れがないかどうかを確認するため、相続開始前後の預貯金の入出金状況を確認し、多額の現金が引き出されたままになっていないかどうかを調査する。
- 相続開始直後に支払われた葬儀費用、医療費、相続税の納税資金等の資金出所を確認し、現金の申告漏れがないかどうかを調査する。
- 日常の現金の保管状況を確認し、申告漏れがないかどうか確認する。
- 被相続人が自営業者であった場合、事業所得から除外した収入を現金で隠ぺいしていないかどうか確認する。

対策

- 相続開始直前の入出金だけでなく、相続開始前数か月の入出金の状況を解明し、相続財産となるものがないかどうか相続人に確認してもらう。
- 現金の保管状況や保管責任者を確認しておく。

3 預貯金

傾向

- いろいろな資料・情報をもとに、申告されている取引銀行以外の取引銀行がないかどうかを調査する。
- 家族名義の預金等について、実質的な所有者が被相続人でないかどうかを調査する。

対策

- 給与、賞与、配当金等の入金状況の確認をする。
- 電気、ガス等公共料金の支払いの有無を確認する。
- 大口の入出金や定期的な入出金の有無を確認する。
- 家族名義預金の財源、通帳、印鑑等の管理・保管状況を確認する。
- 他の金融資産との資金交流や、その資産の運用をだれが中心的に行ってきたか確認する。

4 上場株式

傾向

- 所得税確定申告書に記載された配当収入の内訳や配当金支払調書等各種情報から、上場株式の申告漏れがないかどうか調査する。
- 調査の際に把握した、被相続人のメモ、アドレス帳、香典帳、住所録、名刺、カレンダー等から、取引証券会社や株式等の銘柄を把握し、申告漏れの上場株式がないかどうかを調査する。
- 株式の売却代金の使途、購入資金の調達方法、配当金の受け取り方法などから、申告漏れの上場株式がないかどうかを調査する。
- 家族名義株式について、その株式の取得経緯、配当金の受領状況、増資資金の払い込み事実等の確認を行い、被相続人に帰属する株式の有無について調査する。

対策

- 被相続人の過去の所得税確定申告内容を確認し、配当所得の申告内容から、申告漏れとなっている上場株式の有無を確認する。
- 被相続人が過去に上場株式の売却を行っていたかどうか、相続人から聴取するとともに、売却の事実を把握した場合は、売却代金の使途を確認する。
- 家族名義株式について、被相続人からの贈与の有無等、その取得経緯等を確認する。

5 非上場株式

傾向

- 当該法人の株主名簿を確認するとともに、取締役会の議事録や名義変更届等を確認し、相続人あるいは他の関係者の名義の株式のうち、実質的には被相続人の持ち株と思われる株式がないかどうかを調査する。
- 増資の際の資金出所や配当金の使途を確認し、実質的には被相続人の持ち株と思われる株式がないかどうかを調査する。
- 当該法人からの配当金支払状況を確認し、実質的には被相続人の持ち株と思われる株式がないかどうかを調査する。

対策

- 名義書換の場合の名義変更届の有無、取締役会の議事録の有無を確認しておく。
- 株式の名義人が株主総会に出席しているかどうか確認しておく。
- 株式に係る配当金の受領方法等について不自然な点がないか確認しておく。

6 公社債等

傾向

- 公社債、投資信託、貸付信託等の有価証券については、預貯金の発生（口座開設、解約等）や入出金状況、株式の購入・売却等と

公社債等の購入・売却について、それぞれの動向を総合的に検討し、実質的には被相続人のものと思われる公社債等でないかを調査します。

対策

- 大口の入出金や定期的な入出金を参考に、公社債の購入・売却の有無を確認する。
- 他の金融資産との資金交流や、公社債等の運用をだれが中心的に行ってきたか確認する。

7 貸付金

傾向

- 貸付金の発生時期、資金出所、担保の有無及びその種類、返済金の受領状況等、契約内容について確認するとともに、相続開始後の返済金の受領状況、その入金状況を確認し、申告漏れがないかどうかを調査する。
- 債務者が被相続人の関係法人であった場合、当該法人の借入金勘定の異動状況を確認し、貸付時期と預貯金等の出金時期と突合することにより資金出所を解明し、申告漏れとなっている貸付金がないかどうかを調査する。

対策

- 貸付金の担保物と思われる他人名義の登記済権利証等がないかどうか確認しておく。

- 相続人が債務者の場合は、借用証書の作成がない場合や、貸付金ではなく贈与になる場合もあるので、事実関係を確認しておく。

8 事業用資産

傾向

- 被相続人が個人事業者であった場合には、その事業の売掛金及び棚卸商品やその他の債権について、相続開始日現在の残高を確認し相続開始日前後の増減状況を検討し、申告漏れとなっている相続財産がないかどうかを調査する。
- 機械器具、その他の事業用固定資産については、所得計算上減価償却を行っている場合には、申告書等で確認を行い、申告漏れとなっている相続財産がないかどうかを調査する。
- 特許権、著作権、商標権等などの無体財産権その他の事業用資産についても、申告漏れとなっている相続財産がないかどうかを調査する。

対策

- 事業の特色、商慣習、取引経路等を十分聴取し、相続財産となるものがないかどうか相続人に確認してもらう。

9 立木

傾向

- 森林組合において立木の所有状況を確認したり、素地部分の縄延

び等の状況を確認するなどして、相続財産として申告された立木について評価誤りがないかどうかを調査する。

対策

- 立木（杉、ヒノキ等）の評価額は、立木面積、樹木の種類、樹齢、地味級、立木度、地利級等の要素があるので、相続税申告に当たって立木の評価を行う場合には、これらの要素について的確に把握し評価誤りがないよう確認しておく。

10 生命保険

傾向

- 被相続人が個人の所得税確定申告を行っていた場合には、その確定申告書の内容（一時所得としての生命保険金や生命保険料控除等）を把握し、申告漏れとなっている相続財産としての生命保険契約等がないかどうかを調査する。
- 生命保険契約について、被相続人以外の者が被保険者である生命保険契約の有無、契約内容、保険料負担者等について聴取し、申告漏れとなっている相続財産としての生命保険契約等がないかどうかを調査する。

対策

- 生命保険には数多くの保険商品（保険契約）があるので、一つ一つその契約内容等を確認しておく。

11 退職手当金等

傾向

- 被相続人が会社役員の場合、退職手当金等の支給に際しては、必ず株主総会の決議が必要であることから、相続開始日前後の株主総会議事録や取締役会議事録を確認し、退職手当金等の支給が申告漏れとなっている退職手当金等がないかどうか調査する。
- 退職手当金等が、弔慰金等の名目で支給されている場合は、その支給及びその算出根拠を確認し、実質的に退職手当金、功労金等に該当するかどうか調査する。

対策

- 退職に際して、当該法人から支給された金員がないかどうか聴取する。
- 退職手当金等の全部又は一部を年金方式で受給する場合が多くなっているので、未払金（未収金）がないかどうか確認する。

12 美術品等

傾向

- 被相続人の自宅（居間、物置、倉庫等）の状況を確認（「現況調査」という）し、申告漏れとなっている相続財産がないかどうかを調査する。
- 賃貸料の支払いの有無を確認し、外部のレンタルルームに美術品

を保管していないか確認したり、預かり証の有無を確認し、美術商へ預託していないか確認して申告漏れとなっている相続財産がないかどうかを調査する。
- 損害保険契約の有無を確認し、損害保険の対象となっている美術品等がないか確認して申告漏れとなっている相続財産がないかどうかを調査する。

対策

- 美術品等の所有者は、趣味で保有していたという被相続人や、投資を目的として保有していたという被相続人もあるなど様々であることから、被相続人の趣味・嗜好等についても相続人等から十分聴取しておく。

13 貴金属・宝石等

傾向

- 現物については、火災、盗難の恐れがあることから、高価な品物については損害保険に加入するとともに、品物の保管も貸金庫を利用したり、取扱業者に預けたりする場合があるので、申告漏れとなっていないかどうか調査する。

対策

- 貴金属・宝石等の所有者は、投資を目的として保有する者は少ないが、社会的地位の高い者は比較的高価な貴金属・宝石等を所有（使用）している傾向にあることから、被相続人の生前の社会的

地位等を考慮して、申告漏れの相続財産としての貴金属・宝石がないかどうか相続人等から十分聴取しておく。

14 金地金

傾向

- 法定調書により事前に金地金の所有状況や商品取引の状況を把握し、申告漏れとなっている相続財産がないかどうかを調査する。
- 被相続人の自宅（居間、物置、倉庫等）の状況を確認（「現況調査」という）し、申告漏れとなっている相続財産がないかどうかを調査する。

対策

- 金地金の取引については、平成23年から法定調書化されていることを念頭に置いて（税務署においても取引状況を把握していると考えられる。）、相続人等から聴取し、申告漏れとなっていないかどうか確認する。

15 その他の財産

傾向

- 近年は、資産運用が国際化・多様化していることから、相続財産のうち海外資産を相続税申告から除外しておくという不正もあることを念頭に置いて調査を進めている。（国税庁事務運営指針にもある。）

- 過去の調査事例において相続税申告の不正申告の手段として相続財産から除外されていたような財産について、所有していないかどうかを調査する。

対策

- 海外資産（海外に所有しているマンション、投資信託等）の有無について相続人等から聴取し、申告漏れとなっていないかどうか確認する。
- 申告漏れとなりやすい資産について、相続人等から聴取し申告漏れとなっていないかどうか確認する。
  （参考）申告漏れとなりやすい財産の例
    海外資産、未収給与、賞与、配当、地代・家賃、ゴルフ会員権、ヨット・モーターボート等のレジャー用船舶、預け金（敷金、保証金）、訴訟中の供託金及び供託物

16 債務

傾向

- 多額の借入金がある場合には、借入れによって得た資金によってどのような資産を取得したのかなど、借入金の使途を調査する。
- 相続開始日と債務の発生（未払い金の発生等）時の状況等を確認し、債務が支払済みとなっていないか調査する。

> **対策**
>
> ●借入金に見合う相続財産が申告に反映しているかどうか検討する。
> ●相続発生日以降の債務の返済（支払い）状況を確認し、相続開始前に支払済みとなっているものがないか確認する。

2 国外財産調書制度の創設

1 国外財産調書制度のあらまし

　国外財産に係る所得や相続財産の申告漏れについては、近年増加傾向にあり、国外財産に関する課税の適正化は喫緊の課題となっています。

　そこで、そんな国外財産の把握体制が十分でない中、内国税の適正な課税及び徴収に資するため、一定額（5,000万円）を超える国外財産を保有する個人（居住者）に対し、その保有する国外財産に係る調書の提出を求める制度が創設されました。

　この制度は、平成26年1月1日以後に提出すべき国外財産調書について適用されることとなっています。

　なお、罰則規定も設けられており、故意の調書不提出・虚偽記載についての罰則（1年以下の懲役又は50万円以下の罰金）が適用されます（併せて情状免除規定が設けられます）。この罰則規定については、平成27年1月1日以後に提出すべき国外財産調書について適用されることとなっています。

2 国外財産調書制度への税務当局の対応

　税務当局は、今までも個人の資産運用に関するデータをいろいろ収集してきています。具体的には、任意調査の実地調査として行われる「反面調査」はまさにこれで、金融機関などが、いつ、いくらぐらい取引したのかを税務署や市町村等に報告する支払調書などを使う場合もあります。

　これに、今回導入された国外財産調書が加えられたのです。この国外調書制度で注意をしてもらいたいのが、国外財産とはどんな財産なのかということです。

　自分では、国内財産と思っているものも含まれ、思わず罰則が適用されたというようなことがあっては大変です。次のような場合にはご注意ください。

イ　国外に現物資産や金融資産があるのに、相続税や贈与税などの申告をしていない場合

ロ　国外で株式や株式投資信託を譲渡して売却益や利子所得があるのに申告をしていない場合

ハ　1回あたり100万円を超える国外への送金をした場合や逆に国外から送金を受けた場合（国外送金等調書によりその年月日、金額、口座番号、その理由などが金融機関等を通じて掌握されています。）

　また、国外でなく国内で行われる場合でも、以下のように情報は税務当局が把握していますので、申告忘れ等のないようにしましょう。

①　株式・株式投資信託などの運用をした場合（源泉徴収なしの特

定口座や一般口座を通じて支払調書などにより、銘柄名、株数・口数、売却額、その年月日などが掌握されています。
② 金やプラチナなどを売却した場合に1回で200万円を超えた場合には、取引業者などが提出する譲渡対価の支払調書などを通じて税務署は掌握しています。
③ その他株式や金などを売却して譲渡所得が発生しているのに無申告である場合、逆に申告はしているが、その申告額が少ないのにもかかわらず不動産などの高額なものを買っている場合には、そのお金の出どころを疑われます。

【国外財産調書制度の概要】

趣 旨	適正な課税・徴収の確保を図る観点から、国外財産を有する方からその保有する国外財産について申告をしていただく仕組み（国外財産調書制度）が創設されました。
概 要	その年の12月31日において、その価額の合計額が5,000万円を超える国外財産(注)を有する方は、その財産の種類、数量及び価額その他必要な事項を記載した調書（以下「国外財産調書」といいます。）を、翌年の3月15日までに、所轄税務署長に提出しなければならないこととされました。 （注）「国外財産」とは、「国外にある財産をいう」こととされています。ここでいう「国外にある」かどうかの判定については、財産の種類ごとに行うこととされ、例えば次のように、その財産自体の所在、その財産の受入れをした営業所又は事業所の所在、その財産の発行者等の所在などによることとされています。

	(例)・「動産又は不動産」は、その動産又は不動産の所在 ・「預金、貯金又は積金」は、その預金、貯金又は積金の受入れをした営業所又は事業所の所在 ・「社債又は株式」は、その社債又は株式の発行法人の本店又は主たる事務所の所在
国外財産の価額	国外財産の「価額」は、その年の12月31日における「時価」又は時価に準ずるものとして「見積価額」によることとされています（注）。また、「邦貨換算」は、その年の12月31日における「外国為替の売買相場」によることとされています。 （注）上記の「時価」又は「見積価額」の具体的な算定方法、及び「外国為替の売買相場」の具体的な基準については、今後、通達等において示されます。
国外財産調書の記載事項	国外財産調書には、提出者の氏名、住所（又は居所）に加え、国外財産の種類、用途（一般用及び事業用の別）、所在、数量、価額などを記載することとされています。 （注）「事業用」とは、不動産所得、事業所得又は山林所得を生ずべき事業又は業務の用に供することをいい、「一般用」とは、それ以外の用に供することをいいます。

【国外財産調書の提出】

　その年の12月31日において、その価額の合計額が5,000万円を超える国外財産を有する方は、その財産の種類、数量及び価額その他必要な事項を記載した調書（以下「国外財産調書」といいます。）を、翌年の3月15日までに、所轄税務署長に提出しなければならないこととされました。

　法施行後の最初の国外財産調書は、平成25年12月31日における国

外財産の保有状況を記載して、平成26年3月17日までに提出することになります。

【罰則規定等】

故意の国外財産調書の不提出等に対する罰則規定が次のとおり設けられました。（内国税の適正な課税の確保を図るための国外送金等に係る調書の提出等に関する法律第10条）

①	国外財産調書に偽りの記載をして提出した者は、1年以下の懲役又は50万円以下の罰金に処する。
②	正当な理由がなく国外財産調書を提出期限までに提出しなかった者は、1年以下の懲役又は50万円以下の罰金に処する。ただし、情状により、その刑を免除することができることとする。

適用期日　この改正は、平成27年1月1日以後の違反行為について適用されます。

【過少申告加算税等の特例】

国外財産に係る所得税又は相続税について修正申告等があった場合の過少申告加算税又は無申告加算税について、次の措置が講じられました。（内国税の適正な課税の確保を図るための国外送金等に係る調書の提出等に関する法律第6条）

	過少申告加算税又は 無申告加算税
国外財産調書の提出がある場合	5％相当額軽減
国外財産調書の提出がない場合等	5％相当額加重

適用期日　この改正は、平成26年1月1日以後に提出すべき国外財産調書に係る国外財産に係る所得税又は相続税について適用されます。

【国外財産調書の様式（イメージ）】

平成 25 年 12 月 31 日分　国外財産調書

国外財産を有する者	住所又は居所	東京都千代田区霞ヶ関 3-1-1			
	氏　　　名	国税　太郎		（電話）3581-XXXX	

国外財産の区分	種類	用途	所　　在	数量	価　　額	備考
預金	普通	一般用	アメリカ〇〇州・・〇〇銀行　××支店	1	8,500,000	
有価証券	株式	一般用	アメリカ△△州〇〇Inc.	6,000	24,000,000	
		合　　計　　額			70,000,000	
（摘要）						

（国税庁 HP より）

第7章
相続税調査のイメージ

この章では、実際の税務調査がどのように行われているのかを代表的な2つのイメージとして掲げておきます。
 このようなイメージで、税務調査が行われ、税務調査の流れはどうようなものなのかを理解してください。

1 調査事例1

被相続人の病状等を参考に、預貯金の状況を過去にさかのぼって調査した事例

①準備調査　〜申告書と署内資料の比較〜
調査官：被相続人が平成〇年に所有していた割引債券（2億円）が見当たらない。変形財産も見当たらない。どこにいったのだろうか。

②臨宅調査　〜相続人への聞き取り〜
調査官：以前、割引債券をお持ちだったはずなのですが、ご存知ないですか。
相続人：割引債券のことは一度も聞いたことがありません。被相続人は、平成△年に意識不明になり、そのまま病院でなくなりましたが、遺品の中にはありませんでした。
調査官：(平成△年以降の預金等の取引があれば相続人が行ったことかもしれない)

③再検討　〜署内外資料を見て〜
調査官：平成15年以降、相続人の銀行口座に収入源がわからない小口入金が合計２億円もある。
　　　　割引債券を償還したお金ではないだろうか。

④金融機関調査　〜銀行に確認〜
調査官：相続人のことを調べているのですが、相続人が割引債券を償還した際の伝票と本人確認書類はありませんか。
　　　（伝票と本人確認書類を発見）

⑤再臨宅調査　〜相続人に確認〜
調査官：あなたが自分で割引債券を償還して、その償還した現金を自分名義の預金に入金したのではありませんか。
相続人：すみません。一旦現金にすればわからないと思っていました。

■ 調査のポイント ■

> 調査は、被相続人の死亡原因や病状等も参考に、あらゆる角度から検討します。相続開始時点での相続財産の状況だけでなく、過去にさかのぼって被相続人の財産状況を調査します。割引債券の償還状況についても確認しておいてください。

2 調査事例2

被相続人の資産運用状況を参考に、綿密な銀行調査を行った事例

①準備調査　～申告書と署内資料の比較～

調査官：上場株式（A社）の配当所得は被相続人の所得税の申告書に計上されているのに、相続財産として申告されていないけれど、どうしたのだろう。

②臨宅調査　～相続人への聞き取り～

調査官：A社の株式分の申告をされていないようですが…。

相続人：株なんて持っていたのですか？確かに、私自身は株取引をしていますが、ネット証券だけです。被相続人の株式のことは知りませんし、私は証券会社にいったこともありません。

調査官：（株取引はしているし、信託銀行や証券会社に反面調査をしてみよう）

③金融機関調査　～証券会社に確認～

調査官：相続人の取引履歴を見せてください。
（一年前に被相続人から相続人へ名義変更をしているのを発見）
調査官：A社と同一業種の他銘柄の保有状況も見せてもらえますか。
（A社同様にB社の株式でも相続人が同様のことを行っている事実を発見）

④再臨宅調査　～相続人に確認～

調査官：Ａ社株式とＢ社株式を申告されていませんね。

相続人：すみません。現物株なので黙っていればわからないと思っていました。

■ 調査のポイント ■

> 調査は、被相続人の所得税の申告状況等も参考に、あらゆる角度から検討します。被相続人の所得税の申告内容と相続財産との関連を確認しておいてください。

# 第 8 章
相続税の基礎知識

第8章 相続税の基礎知識

　この章では、相続税の基礎知識についての解説を行います。税務調査独特の手法もありますが、やはり大事なことは相続税の仕組みと基礎をしっかりと把握し、正しい申告を行うことが、ひいては税務調査で、余計な加算税等を支払わなくて済むことにつながります。

1 相続税の概要

　相続税は、個人が被相続人の財産を相続、遺贈や相続時精算課税に係る贈与によって取得した場合に、その取得した財産の価額を基に課される税金です。

（1）相続

　相続は、原則として、死亡によって開始します。そして、相続人は、相続開始の時から、被相続人の財産に関する一切の権利義務を承継することになります（扶養を請求する権利や文化功労者年金を受ける権利など被相続人の一身に専属していたものは、承継されません。）。

（2）遺贈

　遺贈とは、被相続人の遺言によってその財産を移転することをいいます。

(注)　贈与をした人が亡くなることによって効力を生じる贈与（これを死因贈与といいます。）については、相続税法上、遺贈として取り扱われます。

（3）相続時精算課税に係る贈与

　相続時精算課税とは、贈与時に贈与財産に対する贈与税を納付し、

贈与者が亡くなったときにその贈与財産の価額と相続や遺贈によって取得した財産の価額とを合計した金額を基に計算した相続税額から、既に納付した贈与税に相当する金額を控除した額をもって納付すべき相続税額とする制度（相続時に精算）で、その贈与者から受ける贈与を「相続時精算課税に係る贈与」といいます。

　贈与により財産を取得した人が、この制度の適用を受けるためには、一定の要件の下、原則として贈与税の申告時に贈与税の申告書とともに「相続時精算課税選択届出書」を税務署に提出する必要があります。この届出書を提出した人を「相続時精算課税適用者」といいます。

（4）相続人

　民法では、相続人の範囲と順位について次のとおり定めています。ただし、相続を放棄した人や相続権を失った人は初めから相続人でなかったものとされます。

イ　被相続人の配偶者は、常に相続人となります。

（注）　配偶者とは、婚姻の届出をした夫又は妻をいい、内縁関係にある人は含まれません。

ロ　次の人は、次の順序で配偶者とともに相続人となります。

　① 　被相続人の子（子が被相続人の相続開始以前に死亡しているときや相続権を失っているときは、孫（直系卑属）が相続人となります。）

　② 　被相続人に子や孫（直系卑属）がいないときは、被相続人の父母（父母が被相続人の相続開始以前に死亡しているときや相続権を失っているときは、祖父母（直系尊属）が相続人となり

ます。)

③　被相続人に子や孫(直系卑属)も父母や祖父母(直系尊属)もいないときは、被相続人の兄弟姉妹(兄弟姉妹が被相続人の相続開始以前に死亡しているときや相続権を失っているときは、甥、姪(兄弟姉妹の子)が相続人となります。)

2 相続税の申告

(1) 相続税の申告の必要がある人

　被相続人から相続、遺贈や相続時精算課税に係る贈与によって財産を取得した各人の課税価格の合計額が、遺産に係る基礎控除額を超える場合、その財産を取得した人は、相続税の申告をする必要があります。

　したがって、課税価格の合計額が、遺産に係る基礎控除額以下である場合には、相続税の申告をする必要はありません(小規模宅地等の特例や特定計画山林の特例などを適用することにより課税価格の合計額が遺産に係る基礎控除額以下となる場合には、相続税の申告をする必要がありますので、ご留意ください。)。

　「遺産に係る基礎控除額」は、5,000万円+(1,000万円×法定相続人の数)の算式で計算します(注)。

(注)　平成25年度税制改正大綱によりますと、基礎控除額は、平成27年1月から「3,000万円+600万円×法定相続人数」と引き下げられる予定ですので、ご留意ください。(以下同じ)

　上記算式における「法定相続人の数」は、相続の放棄をした人があっても、その放棄がないとした場合の相続人の数をいいますが、被相続人に養子がある場合には、「法定相続人の数」に含める養子

の数については、次のそれぞれに掲げる人数までとなります。

被相続人に実子がある場合	1人
被相続人に実子がない場合	2人

　例えば、相続人が実子1人、養子2人の場合には、相続人の数は3人ですが、「法定相続人の数」は2人となります。

　また、相続人が養子3人のみの場合には、相続人の数は3人ですが、「法定相続人の数」は2人となります。

　なお、特別養子縁組により養子となった人、被相続人の配偶者の実子で被相続人の養子となった人、被相続人の実子若しくは養子又はその直系卑属が相続開始前に死亡し、又は相続権を失ったためその人に代わって相続人となったその人の直系卑属（孫やひ孫）は、実子とみなされます。

（2）相続税の申告書の提出期限

イ　相続税の申告書の提出期限

　相続税の申告書の提出期限（以下「申告期限」といいます。）は、相続の開始があったことを知った日（通常の場合は、被相続人の死亡の日）の翌日から10か月目の日です。申告期限の日が日曜日・祝日などの休日又は土曜日に当たるときは、これらの日の翌日が相続税の申告期限となります。

	相続開始の日	申告期限
10か月目の日が休日又は土曜日に当たらない場合	平成24年7月10日（火）	平成25年5月10日（金）
10か月目の日が日曜日の場合	平成24年8月9日（木）	平成25年6月10日（月）

□ 相続税の申告書の提出先

　相続税の申告書は、被相続人の死亡の時における住所地を所轄する税務署長に提出します。

　相続人の住所地を所轄する税務署長ではありませんのでご留意ください。

ハ　相続税の申告書の提出方法

　相続税の申告書は、同じ被相続人から相続、遺贈や相続時精算課税に係る贈与によって財産を取得した人が共同で作成して提出することができます。

　しかし、これらの人の間で連絡がとれない場合やその他の事由で申告書を共同で作成して提出することができない場合には、別々に申告書を提出しても差し支えありません。

（3）相続税の課税対象財産

　「相続税がかかる財産」は、原則として、相続や遺贈によって取得した財産です。

　このほか次に掲げる財産についても、相続税がかかる財産に含まれます。

相続や遺贈によって取得したものとみなされる財産（③の財産を除きます。）
相続開始前3年以内に被相続人から暦年課税に係る贈与によって取得した財産
生前の被相続人から相続時精算課税に係る贈与によって取得した財産（以下「相続時精算課税適用財産」といいます。）

（注）　暦年課税とは、贈与税の課税方式の一つであり、相続時精算課税とは異なり、贈与時に、贈与財産に対する贈与税を納付することにより完結させる制度（相続開始前3年以内の贈与財産以外は相続時の精算が不要）です。贈与税について相続時精算課税の適用を受けない場合には、暦年課税が適用されます。

イ　相続税の課税対象財産
① 相続や遺贈によって取得した財産

　相続税の課税対象となる財産は、被相続人が相続開始の時において所有していた土地、家屋、立木、事業（農業）用財産、有価証券、家庭用財産、貴金属、宝石、書画骨とう、電話加入権、預貯金、現金などの金銭に見積もることができる全ての財産をいいます。そのため、日本国内に所在するこれらの財産はもちろん、日本国外に所在するこれらの財産も相続税の課税の対象となります。

　なお、外国でその日本国外に所在する財産に対して相続税に相当する税金が課されている場合には外国税額控除が適用できる場合があります。

（注）　日本国内に住所がない人の相続税の課税対象となる財産など相続開始の時に日本国内に住所がない人については、相続税の課税対象となる財産の範囲や相続財産から控除できる債務の範囲など、この説明と異なる場合がありますので、留意してください。

参考：被相続人の所得税・消費税の申告

　被相続人の所得税・消費税の申告については、被相続人の相続の開始があったことを知った日（通常の場合は、被相続人の死亡の日）の翌日から4か月以内にその相続人が、被相続人の死亡の時における納税地を所轄する税務署長に提出します。

　なお、これにより納めることとなった所得税・消費税の額は、相続財産の価額から差し引くことができます。

② 相続や遺贈によって取得したものとみなされる財産（みなし相続財産）

　次のようなものは、相続や遺贈によって取得したものとみなされ、相続税がかかります。

死亡保険金等	死亡に伴い支払われる生命保険金、損害保険金、農業協同組合などの生命共済金や傷害共済金（以下「保険金」といいます。）のうち、被相続人が負担した保険料や共済掛金に対応する部分の金額（保険金を年金その他の定期金で支払いを受ける場合を含みます。） （注）1　相続人が受け取った保険金については一定額が非課税となります。 　　　2　保険金には、保険業法の免許を受けていない外国の保険業者から支払われるものが含まれます。
死亡退職金等	死亡に伴い支払われる退職金、功労金、退職給付金など（退職金などを年金その他の定期金で支払いを受ける場合を含みます。以下「退職手

	当金等」といいます。) (注) 相続人が受け取った退職手当金等については一定額が非課税となります。
生命保険契約に関する権利	被相続人が保険料を負担し、被相続人以外の人が契約者となっている生命保険契約で、相続開始の時において、まだ保険金の支払い事由が発生していないもの

(注) 上記のほか、①被相続人が掛金や保険料を負担していた定期金に関する権利や保証期間付定期金に関する権利、②被相続人の遺言によって債務の免除を受けた経済的利益、③贈与税の納税猶予の特例を受けていた農地等や非上場株式等なども相続や遺贈によって取得したものとみなされます。

③ 相続開始前3年以内に被相続人から暦年課税に係る贈与によって取得した財産

　被相続人から相続、遺贈や相続時精算課税に係る贈与によって財産を取得した人が、相続開始前3年以内にその被相続人から暦年課税に係る贈与によって取得した財産（以下「相続開始前3年以内の贈与財産」といいます。）の価額（相続開始の時の価額ではなく、贈与の時の価額）は、相続税の課税価格に加算され、相続税がかかります。

　ただし、被相続人から暦年課税に係る贈与によって取得した財産であっても特定贈与財産に該当する部分の価額は、相続税の課税価格に加算されません。

　この特定贈与財産とは、被相続人の配偶者（贈与の時において被相続人との婚姻期間が20年以上である配偶者に限ります。）が、贈与によって取得した居住用不動産又は金銭で、次に掲げる区分に応

じ、それぞれに掲げる部分をいいます。

その贈与が相続開始の年の前年、前々年又は前々々年にされた場合で、その贈与につき贈与税の配偶者控除の適用を受けているとき	その財産のうち適用を受けた贈与税の配偶者控除額に相当する部分
その贈与が相続開始の年にされた場合で、その配偶者が被相続人からの贈与について既に贈与税の配偶者控除の適用を受けていない人であるとき	その財産について贈与税の配偶者控除の適用があるものとした場合にその控除額（2,000万円が限度となります。）に相当する部分としてその人が選択した部分

（注） 上記下段の適用を受ける特定贈与財産については、別途、贈与税の申告が必要となるので、留意してください。

④ 相続時精算課税適用財産

相続時精算課税適用者が被相続人から取得した相続時精算課税適用財産の価額（相続開始の時の価額ではなく、贈与の時の価額）は、相続税の課税価格に加算され、相続税がかかります。

なお、相続時精算課税適用者が、相続や遺贈によって財産を取得しなかった場合であっても、被相続人から取得した相続時精算課税適用財産は、相続又は遺贈により取得したものとみなされ、相続税がかかります。

ロ　住宅取得等資金の贈与税の非課税の適用を受けた金銭贈与

　被相続人から相続、遺贈や相続時精算課税に係る贈与によって財産を取得した人が、平成21年1月1日から平成26年12月31日までの間に被相続人から贈与により住宅取得等資金を取得し、その贈与により取得した住宅取得等資金のうち直系尊属から住宅取得等資金の贈与を受けた場合の贈与税の非課税（租税特別措置法第70条の2）の適用を受け、贈与税の課税価格に算入しなかった金額については、上記（3）の③又は④にかかわらず、相続税の課税価格には加算されません。

　なお、住宅取得等資金の贈与が相続開始の年にされた場合で、その贈与により取得した住宅取得等資金のうち直系尊属から住宅取得等資金の贈与を受けた場合の贈与税の非課税の適用を受け、贈与税の課税財産に算入しないこととする金額がある場合には、別途、贈与税の期限内申告が必要となるので、留意してください。

八　相続税の非課税財産

　相続や遺贈によって取得した財産であっても、次のものには相続税はかかりません。

〔非課税財産の例〕
　墓地等　墓地、墓碑、仏壇、仏具など

① 死亡保険金等の一部

　相続人が受け取った保険金のうち、次の算式によって計算した金額までの部分（非課税限度額）

$$（500万円×法定相続人の数）× \frac{その相続人の受け取った保険金の合計額}{相続人全員の受け取った保険金の合計額}$$

② 死亡退職金等の一部

相続人が支給を受けた退職手当金等のうち、次の算式によって計算した金額までの部分（非課税限度額）

$$（500万円×法定相続人の数）× \frac{その相続人が支給を受けた退職手当金等の合計額}{相続人全員が支給を受けた退職手当金等の合計額}$$

（注）　上記のほか、次の財産についても相続税はかかりません。

心身障害者共済制度に基づく給付金の受給権
宗教、慈善、学術その他公益を目的とする事業を行う一定の人が取得した財産で、その公益を目的とする事業の用に供することが確実なもの
相続税の申告期限までに、国、地方公共団体、特定の公益法人、認定特定非営利活動法人、特定地域雇用等促進法人に寄附した一定の財産（相続税の申告書に一定の書類を添付しなければなりません。）
相続税の申告期限までに、特定公益信託の信託財産とするために支出した一定の金銭（相続税の申告書に一定の書類を添付しなければなりません。）

二　相続財産から控除できる債務、葬式費用

① 控除できる債務

被相続人の債務は、相続財産（相続時精算課税適用財産を含みます。以下、②において同じです。）の価額から差し引かれます。差し引くことができる債務には、借入金や未払金などのほか、被相続

人が納めなければならなかった国税、地方税などで、まだ納めていなかったものも含まれます。

② 控除できる葬式費用

被相続人の葬式に際して相続人が負担した費用は、相続財産の価額から差し引かれます。葬式費用とは、お寺などへの支払い、葬儀社、タクシー会社などへの支払い、お通夜に要した費用などです。なお、墓地や墓碑などの購入費用、香典返しの費用や法要に要した費用などは、葬式費用に含まれません。

(4) 相続税の計算の仕方

イ 相続税額の計算方法

各人の納付すべき相続税額の計算方法について、順序を追って説明しますと次のとおりです。

① 各人の課税価格の計算

相続、遺贈や相続時精算課税に係る贈与によって財産を取得した人ごとに各人の課税価格を計算します。

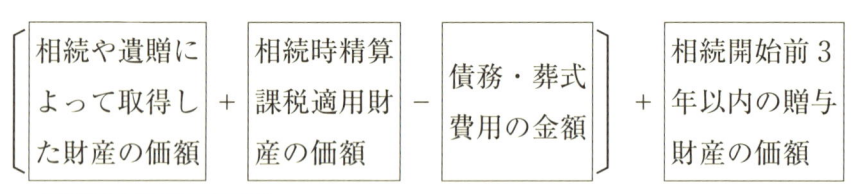

[相続や遺贈によって取得した財産の価額 ＋ 相続時精算課税適用財産の価額 － 債務・葬式費用の金額] ＋ 相続開始前3年以内の贈与財産の価額

＝ 各人の課税価格

(注) 1 「相続や遺贈によって取得した財産の価額」には、みなし相続財産の価額が含まれ、非課税財産の価額が除かれます。
2 「債務・葬式費用の金額」を差し引いた結果、赤字のときは「0」とし、その上で「相続開始前3年以内の贈与財産の価額」を加算します。

② 課税遺産総額の計算

課税遺産総額は、上記①で計算した各人の課税価格の合計額（「課税価格の合計額」といいます。）から遺産に係る基礎控除額を差し引いて計算します。

課税価格の合計額－遺産に係る基礎控除額＝課税遺産総額

③ 相続税の総額の計算

相続税の総額の計算は、まず、相続人等が遺産を実際にどのように分割したかに関係なく、「法定相続人の数」に算入された相続人が上記②の課税遺産総額を法定相続分に応じて取得したものと仮定し（下記では、配偶者と子2人を相続人としています。）、各人ごとの取得金額を計算します。

次に、この各人ごとの取得金額にそれぞれ相続税の税率を掛けた金額（法定相続分に応じる税額）を計算し、その各人ごとの金額を合計します。この合計した金額を相続税の総額といいます。

【課税遺産総額の求め方】

配偶者（2分の1）×税率＝2分の1に応じる税額 ⎫
子1（4分の1）×税率＝4分の1に応じる税額　⎬＝相続税の総額
子2（4分の1）×税率＝4分の1に応じる税額 ⎭

(注) 1　相続税の税率及び税額の計算方法については、「申告書第2表」の「相続税の速算表」に掲載されています（本書には未掲載）。
　　 2　平成25年度税制改正大綱によりますと、平成27年1月1日以後の相続等により取得する財産に係る相続税から2億円超3億円以下の場合の税率が「45％」（改正前「40％」）とされ、3億円超6億円以下の場合の税率が「50％」（改正前「50」％」）とされ、6億円超の最高税率が「55％」（改正前「50％」）に引き上げられる予定ですのでご留意ください。

④　各人の納付すべき相続税額又は還付される税額の計算

　相続税の総額を課税価格の合計額（上記②参照）に占める各人の課税価格（上記①で計算した課税価格）の割合であん分して計算した金額が各人ごとの相続税額となります。

　なお、相続、遺贈や相続時精算課税に係る贈与によって財産を取得した人が、被相続人の一親等の血族（代襲して相続人となった孫（直系卑属）を含みます。）及び配偶者以外の人である場合には、その人の相続税額にその相続税額の２割に相当する金額が加算されます。

(注)　1　この場合の一親等の血族には、被相続人の養子となっている被相続人の孫（直系卑属）は、被相続人の子（直系卑属）が相続開始前に死亡したときや相続権を失ったためその孫が代襲して相続人となっているときを除き、含まれません（加算の対象となります。）。
　　　2　相続時精算課税適用者が相続開始の時において被相続人の一親等の血族に該当しない場合であっても、相続時精算課税に係る贈与によって財産を取得した時において被相続人の一親等の血族であったときは、その財産に対応する一定の相続税額については加算の対象となりません。

ロ　税額控除のあらまし

　次に、各人ごとの相続税額から「贈与税額控除額」、「配偶者の税額軽減額」、「未成年者控除額」などの税額控除の額を差し引いた金額が、各人の納付すべき相続税額又は還付される税額となります。

　税額控除には、次のものがあり、その控除は次の順序に従って行います。

　なお、次の①から⑥の控除により赤字になる場合は、納付すべき相続税額は「０」となります。

①　暦年課税分の贈与税額控除（「申告書第４表」の２）

　相続、遺贈や相続時精算課税に係る贈与によって財産を取得した

人に相続開始前3年以内の贈与財産について課せられた贈与税がある場合には、その人の相続税額からその贈与税額（贈与税の外国税額控除前の税額です。）を控除します。

② **配偶者の税額軽減**（「申告書第5表」）

相続や遺贈によって財産を取得した人が被相続人の配偶者である場合には、その配偶者の相続税額から、次の算式によって計算した金額を控除します。

なお、配偶者の税額軽減を受けることによって納付すべき相続税額が「0」となる人であっても、相続税の申告書の提出が必要ですので留意してください。

（算式）

$$相続税の総額 \times \frac{次の①又は②のうちいずれか少ない方の金額}{課税価格の合計額}$$

① 課税価格の合計額に配偶者の法定相続分を掛けて計算した金額又は1億6,000万円のいずれか多い方の金額

② 配偶者の課税価格（相続税の申告期限までに分割されていない財産の価額は除かれます。）

(注) 1 「配偶者の課税価格」に含まれる財産は次のものになります。
　　A 申告期限内に遺産分割（遺産の一部分割を含みます。）によって取得した財産
　　B 単独相続によって取得した財産
　　C 特定遺贈によって取得した財産
　　D 相続税法上、相続や遺贈によって取得したものとみなされる財産
　　E 相続開始前3年以内の贈与財産で、相続税の課税価格に加算されるもの
　2 相続税の申告期限までに分割されていない財産であっても、次のⅰ又はⅱに掲げる場合に該当することとなったときは、改めて上記の算式により配偶者の税額軽減の計算を行うことができますが、この場合、遺産分割が行われ

た日の翌日から4か月以内に更正の請求書を提出しなければなりません。
i　相続税の申告期限後3年以内に財産が分割された場合
ii　相続税の申告期限後3年を経過する日までに財産の分割ができないやむを得ない事情があり、税務署長の承認を受けた場合で、その事情がなくなった日の翌日から4か月以内に分割されたとき（税務署長の承認を受けようとする場合には、相続税の申告期限後3年を経過する日の翌日から2か月以内に、財産の分割ができないやむを得ない事情の詳細を記載した承認申請書を提出する必要があります。）

参考：主な法定相続分について

法定相続分とは、民法第900条及び第901条に規定する相続分で、主なものは次のとおりです。

		相続人	法定相続分
被相続人に	子がいる場合	配偶者	2分の1
		子	2分の1
	子がいない場合	配偶者	3分の2
		父母	3分の1
	子も父母もいない場合	配偶者	4分の3
		兄弟姉妹	4分の1

(注)　子、父母、兄弟姉妹がそれぞれ2人以上あるときには、それぞれの相続分は均等になります。

③　**未成年者控除**（「申告書第6表」の1）

相続や遺贈によって財産を取得した人が、満20歳未満の相続人（相続の放棄があった場合には、その放棄がなかったものとした場合の相続人）である場合には、その人の相続税額から、6万円に相続開始の日からその人が満20歳に達するまでの年数（その年数が1年未満であるとき又は1年未満の端数があるときはこれを1年とします。）を掛けて計算した金額（未成年者控除額）を控除します。

この場合、未成年者控除額がその人の相続税額を超える場合には、その超える金額を、その人の扶養義務者の相続税額から控除することができます。

(注)　1　過去に未成年者控除の適用を受けた人の控除額は、上記により計算した金額と次のAの金額からBの金額を差し引いた金額のうち、いずれか少ない方の金額となりますのでご注意ください。
　　　A　6万円に前の相続開始の日からその人が満20歳に達するまでの年数を掛けて計算した金額
　　　B　過去の相続税額の計算において、その人及びその人の扶養義務者が実際に控除を受けた未成年者控除の金額
　　2　平成25年度税制改正大綱によりますと、平成27年1月1日以後の相続等により取得する財産に係る相続税については、未成年者控除額が10万円（現行6万円）に引き上げられる予定ですのでご留意ください。

④　**障害者控除**（「申告書第6表」の2）

　相続、遺贈や相続時精算課税に係る贈与によって財産を取得した人が、日本国内に住所を有する障害者で、かつ、相続人（相続の放棄があった場合には、その放棄がなかったものとした場合の相続人）である場合には、その人の相続税額から、6万円（特別障害者である場合には12万円）に相続開始の日からその人が満85歳に達するまでの年数（その年数が1年未満であるとき又は1年未満の端数があるときはこれを1年とします。）を掛けて計算した金額（障害者控除額）を控除します。

　この場合、障害者控除額がその人の相続税額を超える場合には、その超える金額を、その人の扶養義務者の相続税額から控除することができます。

(注)　1　過去に障害者控除の適用を受けた人の控除額及び過去の相続の時と今回の相続の時における障害の程度が異なる場合の控除額は、上記により計算した金額とは異なりますので、税務署にお尋ねください。
　　2　平成25年度税制改正大綱によりますと、平成27年1月1日以後の相続等

により取得する財産に係る相続税については、障害者控除額が10万円（現行6万円）〔特別障害者であるときは、20万円（現行12万円）〕に引き上げられる予定ですのでご留意ください。

⑤　**相次相続控除**（「申告書第7表」）

　今回の相続開始前10年以内に被相続人が相続、遺贈や相続時精算課税に係る贈与によって財産を取得し相続税が課されていた場合には、その被相続人から相続、遺贈や相続時精算課税に係る贈与によって財産を取得した人（相続人に限ります。）の相続税額から一定の金額を控除します。

⑥　**外国税額控除**（「申告書第8表」の1）

　相続、遺贈や相続時精算課税に係る贈与によって外国にある財産を取得したため、その財産について外国で相続税に相当する税金が課された場合には、その人の相続税額から一定の金額を控除します。

⑦　**相続時精算課税分の贈与税額控除**（「申告書第11の2表」）

　相続時精算課税適用者に相続時精算課税適用財産について課せられた贈与税がある場合には、その人の相続税額（上記の①から上記⑥の控除により赤字の場合は「0」となります。）からその贈与税額（贈与税の外国税額控除前の税額です。）に相当する金額を控除します。

　なお、その金額を相続税額から控除する場合において、なお控除しきれない金額があるときは、その控除しきれない金額（相続時精算課税適用財産に係る贈与税について外国税額控除の適用を受けた場合には、その控除しきれない金額からその外国税額控除額を控除した残額）に相当する税額の還付を受けることができます。

　この税額の還付を受けるためには、相続税の申告書を提出しなけ

3 相続税の納付

(1) 相続税の納付方法
イ　納付すべき期限

　相続税は、原則として、法定納期限（相続の開始があったことを知った日の翌日から10か月目の日）までに金銭で納付することになっています。

（注）　修正申告等に係る相続税は、次に掲げる日までに納付します。

①　修正申告分：修正申告書の提出の日
②　期限後申告分：期限後申告書の提出の日
③　更正・決定分：更正・決定通知書が発せられた日の翌日から起算して1か月を経過する日

ロ　納付場所等

　税金の納付場所は、最寄りの金融機関（銀行、郵便局等）又は所轄税務署です。

　納付の際には、納付場所に用意してある納付書に住所、氏名、税額、申告書を提出した税務署名などを記入し、現金に納付書を添えて納税窓口で納付してください。

ハ　納付が遅れた場合

　納付が定められた期限に遅れた場合には、法定納期限（相続の開始があったことを知った日の翌日から10か月目の日）の翌日から納付の日までの間の延滞税を本税と併せて納付する必要があります。

　なお、延滞税の割合は次のとおりです。

納期限の翌日から2か月を経過する日まで	「年7.3％」と「前年の11月30日において日本銀行が定める基準割引率＋4％」のいずれか低い割合（年単位（1月1日から12月31日）で適用されます。）平成23年11月30日において日本銀行が定める基準割引率は0.3％ですので、平成24年1月1日から同年12月31日までの期間に適用する延滞税の割合は年4.3％となります。
納期限の翌日から2か月を経過した日以降	年14.6％

（注）　修正申告及び期限後申告による納付の場合は申告書を提出した日が納期限となります。

参考：平成25年度税制改正大綱によりますと、当分の間の措置として、延滞税の割合は、各年の特例基準割合が年7.3％に満たない場合には、その年中においては、次に掲げる延滞税の区分に応じ、それぞれ次に定める割合とされる予定です。

①　年14.6％の割合の延滞税	当該特例基準割合に年7.3％を加算した割合
②　年7.3％の割合の延滞税	当該特例基準割合に年1％を加算した割合（当該加算した割合が年7.3％を超える場合には、年7.3％の割合）

　また、納税の猶予等の適用を受けた場合（延滞税の全額が免除される場合を除きます。）の延滞税については、当該納税の猶予等をした期間に対応する延滞税の額のうち、当該延滞税の割合が特例基準割合であるとした場合における延滞税の額を超える部分の金額が免除されます。

（注1）　「特例基準割合」とは、各年の前々年の10月から前年の9月までの各月における銀行の新規の短期貸出約定平均金利の合計を12で除して得た割合として各年の前年の12月15日までに財務大臣が告示する割合に、年1％の割合を加算した割合をいいます。

(注2) 上記の改正は、平成26年1月1日以後の期間に対応する延滞税等について適用されます。
　なお、地方税の延滞金等について、上記の国税の見直しに合わせ、当分の間の措置として同様の措置が講じられる予定です。

（2）連帯納付義務とは
イ　連帯納付義務とは
　相続税の納付については、次に掲げる場合を除き、各相続人が相続等により受けた利益の価額を限度として、お互いに連帯して納付しなければならない義務があります（相続税法第34条第1項）。

本来の納税義務者の相続税の申告書の提出期限等から5年以内に、相続税法第34条第6項に規定する「納付通知書」を発していない場合
本来の納税義務者が延納の許可を受けた相続税額に係る相続税
本来の納税義務者が農地などの相続税の納税猶予の適用を受けた相続税額に係る相続税

（注）被相続人の納付すべき相続税額がある場合及び相続税の課税価格の計算の基礎となった財産を贈与、遺贈又は寄付行為により移転した場合にも、連帯納付の義務が生じます（相続税法第34条第2項、第3項）。

ロ　相続税法第34条第1項による連帯納付義務に関する通知等
　相続税法第34条第1項による連帯納付義務に関する手続等については、次のとおりです。
① 相続税について督促状が発せられて1か月を経過しても完納されない場合には、連帯納付義務者に対して完納されていない旨等のお知らせを送付します。
② 連帯納付義務者から納付を求める場合には、納付期限や納付場

所等を記載した納付通知書を送付します。
③　納付通知書が送付された日から2か月を経過しても完納されない場合は、督促状を送付します。

八　連帯納付義務者が納付する場合の延滞税の軽減等

　連帯納付義務者が相続税法第34条第1項の規定による連帯納付義務に係る相続税に併せて納付する場合の延滞税が軽減され、一定の場合には延滞税に代えて利子税を納付することとなります。

(注)　本来の納税義務者の延滞税の額が軽減されるものではありません。

参考資料

参考資料

附録 I 「納税環境整備に関する国税通則法等の改正」について（平成24年9月）

1　税務調査手続等の先行的取組の実施について

　法定化された税務調査手続等は、原則として、平成25年1月1日以後に開始する調査から適用されることとなりますが、国税庁では、法施行後における税務調査手続等を円滑かつ適切に実施する観点から、平成24年10月1日以後に開始する調査から、法施行後に実施することとなる一部の手続について、先行的に取り組んでいます。

2　更正の請求期間の延長等について

　今般の改正により、平成23年12月2日以後に法定申告期限が到来する国税について、更正の請求ができる期間が原則として法定申告期限から5年に延長されました。

3　処分の理由附記について

　今般の改正により、処分の適正化と納税者の予見可能性を高める観点から、原則として、平成25年1月1日以後、国税に関する法律に基づく申請に対する拒否処分や不利益処分を行う場合には、理由附記を実施することとなります。
【申請に対する拒否処分】
　更正の請求に対して更正をすべき理由がない旨の通知、青色申告承認申請の却下などの処分が該当します。
【不利益処分】
　更正、決定、加算税賦課決定、督促、差押えなどの処分が該当します。

（参考）　個人の白色申告の方に対する更正等に係る理由附記について
　事業所得、不動産所得又は山林所得を有する個人の白色申告の方（所得税の申告の必要がない方を含みます。）に対する更正等に係る理由附記については、

記帳・帳簿等の保存義務の拡大と併せて以下のとおり実施することとされています。

① 平成20年から25年までのいずれかの年において記帳義務・記録保存義務があった方は平成25年1月から

② それ以外の方は平成26年1月から

また、上記の方に加えて、平成25年1月以後、現行の白色申告の方に係る記帳義務・記録保存義務の水準と同程度の記帳・記録保存を行っている方については、運用上、平成25年1月以後、理由附記を実施します。

・個人で事業を行っている方の帳簿の記載・記録の保存について

今般の改正により、事業所得、不動産所得又は山林所得を有する白色申告の方に対する現行の記帳・帳簿等の保存制度について、平成26年1月から対象となる方が拡大されます。

※ 現行の記帳・帳簿等の保存制度の対象者は、白色申告の方のうち前々年分あるいは前年分の事業所得等の金額の合計額が300万円を超える方です。

附録Ⅱ　国税通則法第7章の2（国税の調査）関係通達（法令解釈通達）

―― 凡　例 ――

以下の文中の主な法令・通達等については、次の略語を用いました。

法……国税通則法
令……国税通則法施行令
規則…国税通則法施行規則

第1章　法第74条の2～法第74条の6関係（質問検査権）

1-1　「調査」の意義

1-2　「調査」に該当しない行為

1-3　「当該職員」の意義

参考資料

- 1-4 質問検査等の相手方となる者の範囲
- 1-5 質問検査等の対象となる「帳簿書類その他の物件」の範囲
- 1-6 「物件の提示又は提出」の意義
- 1-7 「酒類の販売業者」の範囲
- 1-8 「運搬中」の範囲

第2章 法第74条の7関係（留置き）

- 2-1 「留置き」の意義等
- 2-2 留置きに係る書面の交付手続

第3章 法第74条の9～法第74条の11関係（事前通知及び調査の終了の際の手続）

第1節 共通的事項

- 3-1 一の調査
- 3-2 「課税期間」の意義等
- 3-3 「調査」に該当しない行為【1-2の再掲】
- 3-4 「実地の調査」の意義
- 3-5 通知等の相手方

第2節 事前通知に関する事項

- 4-1 法第74条の9又は法第74条の10の規定の適用範囲
- 4-2 申請等の審査のために行う調査の事前通知
- 4-3 事前通知事項としての「帳簿書類その他の物件」
- 4-4 質問検査等の対象となる「帳簿書類その他の物件」の範囲【1-5の再掲】
- 4-5 「調査の対象となる期間」として事前通知した課税期間以外の課税期間に係る「帳簿書類その他の物件」
- 4-6 事前通知した日時等の変更に係る合理的な理由
- 4-7 「その営む事業内容に関する情報」の範囲等
- 4-8 「違法又は不当な行為」の範囲
- 4-9 「違法又は不当な行為を容易にし、正確な課税標準等又は税額等の把握を困難にするおそれ」があると認める場合の例示

4-10　「その他国税に関する調査の適正な遂行に支障を及ぼすおそれ」があると認める場合の例示

第3節　調査の終了の際の手続に関する事項

5-1　法第74条の11第1項又は第2項の規定の適用範囲
5-2　「更正決定等」の範囲
5-3　「更正決定等をすべきと認めた額」の意義
5-4　調査結果の内容の説明後の調査の再開及び再度の説明
5-5　調査の終了の際の手続に係る書面の交付手続
5-6　法第74条の11第6項の規定の適用
5-7　「新たに得られた情報」の意義
5-8　「新たに得られた情報に照らし非違があると認めるとき」の範囲
5-9　事前通知事項以外の事項について調査を行う場合の法第74条の11第6項の規定の適用

第4節　連結法人の連結所得に対する法人税に係る適用関係に関する事項

6-1　法第74条の9又は法第74条の10の規定の適用関係
6-2　連結子法人に対する事前通知
6-3　法第74条の11第1項又は第2項の規定の適用関係
　（1）　連結親法人に対する更正決定等をすべきと認められない旨の通知
　（2）　連結親法人に対する調査結果の内容の説明
　（3）　連結子法人に対する調査の終了の際の手続
6-4　一部の連結子法人の同意がない場合における連結親法人への通知等
6-5　法第74条の11第6項の規定の適用関係

第5節　税務代理人に関する事項

7-1　税務代理人を通じた事前通知事項の通知
7-2　税務代理人からの事前通知した日時等の変更の求め
7-3　税務代理人がある場合の実地の調査以外の調査結果の内容の説明等
7-4　法に基づく事前通知と税理士法第34条《調査の通知》に基づく調査の通知との関係

7-5　一部の納税義務者の同意がない場合における税務代理人への説明等
第4章　経過措置に関する事項
8-1　提出物件の留置きの適用
8-2　事前通知手続の適用
8-3　調査の終了の際の手続の適用

第1章　法第74条の2～法第74条の6関係（質問検査権）
1-1　「調査」の意義
（1）　法第7章の2において、「調査」とは、国税（法第74条の2から法第74条の6までに掲げる税目に限る。）に関する法律の規定に基づき、特定の納税義務者の課税標準等又は税額等を認定する目的その他国税に関する法律に基づく処分を行う目的で当該職員が行う一連の行為（証拠資料の収集、要件事実の認定、法令の解釈適用など）をいう。

　（注）　法第74条の3に規定する相続税・贈与税の徴収のために行う一連の行為は含まれない。

（2）　上記（1）に掲げる調査には、更正決定等を目的とする一連の行為のほか、異議決定や申請等の審査のために行う一連の行為も含まれることに留意する。

（3）　上記（1）に掲げる調査のうち、次のイ又はロに掲げるもののように、一連の行為のうちに納税義務者に対して質問検査等を行うことがないものについては、法第74条の9から法第74条の11までの各条の規定は適用されないことに留意する。

　イ　更正の請求に対して部内の処理のみで請求どおりに更正を行う場合の一連の行為。

　ロ　期限後申告書の提出又は源泉徴収に係る所得税の納付があった場合において、部内の処理のみで決定又は納税の告知があるべきことを予知してなされたものには当たらないものとして無申告加算税又は不納付加算税の賦課決定を行うときの一連の行為。

1−2 「調査」に該当しない行為

　当該職員が行う行為であって、次に掲げる行為のように、特定の納税義務者の課税標準等又は税額等を認定する目的で行う行為に至らないものは、調査には該当しないことに留意する。また、これらの行為のみに起因して修正申告書若しくは期限後申告書の提出又は源泉徴収に係る所得税の自主納付があった場合には、当該修正申告書等の提出等は更正若しくは決定又は納税の告知があるべきことを予知してなされたものには当たらないことに留意する。

（1）　提出された納税申告書の自発的な見直しを要請する行為で、次に掲げるもの。

　　イ　提出された納税申告書に法令により添付すべきものとされている書類が添付されていない場合において、納税義務者に対して当該書類の自発的な提出を要請する行為。

　　ロ　当該職員が保有している情報又は提出された納税申告書の検算その他の形式的な審査の結果に照らして、提出された納税申告書に計算誤り、転記誤り又は記載漏れ等があるのではないかと思料される場合において、納税義務者に対して自発的な見直しを要請した上で、必要に応じて修正申告書又は更正の請求書の自発的な提出を要請する行為。

（2）　提出された納税申告書の記載事項の審査の結果に照らして、当該記載事項につき税法の適用誤りがあるのではないかと思料される場合において、納税義務者に対して、適用誤りの有無を確認するために必要な基礎的情報の自発的な提供を要請した上で、必要に応じて修正申告書又は更正の請求書の自発的な提出を要請する行為。

（3）　納税申告書の提出がないため納税申告書の提出義務の有無を確認する必要がある場合において、当該義務があるのではないかと思料される者に対して、当該義務の有無を確認するために必要な基礎的情報（事業活動の有無等）の自発的な提供を要請した上で、必要に応じて納税申告書の自発的な提出を要請する行為。

（4）　当該職員が保有している情報又は提出された所得税徴収高計算書の記載

事項の確認の結果に照らして、源泉徴収税額の納税額に過不足徴収額があるのではないかと思料される場合において、納税義務者に対して源泉徴収税額の自主納付等を要請する行為。

（５）　源泉徴収に係る所得税に関して源泉徴収義務の有無を確認する必要がある場合において、当該義務があるのではないかと思料される者に対して、当該義務の有無を確認するために必要な基礎的情報（源泉徴収の対象となる所得の支払の有無）の自発的な提供を要請した上で、必要に応じて源泉徴収税額の自主納付を要請する行為。

1-3　「当該職員」の意義

法第74条の2から法第74条の6までの各条の規定により質問検査等を行うことができる「当該職員」とは、国税庁、国税局若しくは税務署又は税関の職員のうち、その調査を行う国税に関する事務に従事している者をいう。

1-4　質問検査等の相手方となる者の範囲

法第74条の2から法第74条の6までの各条の規定による当該職員の質問検査権は、それぞれ各条に規定する者のほか、調査のために必要がある場合には、これらの者の代理人、使用人その他の従業者についても及ぶことに留意する。

1-5　質問検査等の対象となる「帳簿書類その他の物件」の範囲

法第74条の2から法第74条の6までの各条に規定する「帳簿書類その他の物件」には、国税に関する法令の規定により備付け、記帳又は保存をしなければならないこととされている帳簿書類のほか、各条に規定する国税に関する調査又は法第74条の3に規定する徴収の目的を達成するために必要と認められる帳簿書類その他の物件も含まれることに留意する。

　　（注）「帳簿書類その他の物件」には、国外において保存するものも含まれることに留意する。

1-6 「物件の提示又は提出」の意義

法第74条の2から法第74条の6までの各条の規定において、「物件の提示」とは、当該職員の求めに応じ、遅滞なく当該物件（その写しを含む。）の内容を当該職員が確認し得る状態にして示すことを、「物件の提出」とは、当該職員の求めに応じ、遅滞なく当該職員に当該物件（その写しを含む。）の占有を移転することをいう。

1-7 「酒類の販売業者」の範囲

法第74条の4第1項に規定する「酒類の販売業者」には、酒税法第9条第1項《酒類の販売業免許》に規定する酒類の販売業免許を受けた者のほか、酒場、料飲店その他酒類を専ら自己の営業場において飲用に供することを業とする者も含まれることに留意する。

1-8 「運搬中」の範囲

法第74条の4第3項、法第74条の5第1項第1号ニ、同項第2号ニ、同項第3号ニ及び同項第4号ニに規定する「運搬中」には、現に運搬している場合のほか、運搬途中において一時的に蔵置されている場合も含まれることに留意する。

第2章　法第74条の7関係（留置き）

2-1 「留置き」の意義等

（1）　法第74条の7に規定する提出された物件の「留置き」とは、当該職員が提出を受けた物件について国税庁、国税局若しくは税務署又は税関の庁舎において占有する状態をいう。

　　ただし、提出される物件が、調査の過程で当該職員に提出するために納税義務者等が新たに作成した物件（提出するために新たに作成した写しを含む。）である場合は、当該物件の占有を継続することは法第74条の7に規定する「留置き」には当たらないことに留意する。

（注）　当該職員は、留め置いた物件について、善良な管理者の注意をもって管理しなければならないことに留意する。
（２）　当該職員は、令第30条の３第２項に基づき、留め置いた物件について、留め置く必要がなくなったときは、遅滞なく当該物件を返還しなければならず、また、提出した者から返還の求めがあったときは、特段の支障がない限り、速やかに返還しなければならないことに留意する。

２－２　留置きに係る書面の交付手続

　令第30条の３の規定により交付する書面の交付に係る手続については、法第12条第４項《書類の送達》及び規則第１条第１項《交付送達の手続》の各規定の適用があることに留意する。

第３章　法第74条の９～法第74条の11関係（事前通知及び調査の終了の際の手続）

第１節　共通的事項

３－１　一の調査

（１）　調査は、納税義務者について税目と課税期間によって特定される納税義務に関してなされるものであるから、別段の定めがある場合を除き、当該納税義務に係る調査を一の調査として法第74条の９から法第74条の11までの各条の規定が適用されることに留意する。
　（注）　例えば、平成20年分から平成22年分までの所得税について実地の調査を行った場合において、調査の結果、平成22年分の所得税についてのみ更正決定等をすべきと認めるときには、平成20年分及び平成21年分の所得税については更正決定等をすべきと認められない旨を通知することに留意する。
（２）　源泉徴収に係る所得税の納税義務とそれ以外の所得税の納税義務は別個に成立するものであるから、源泉徴収に係る所得税の調査については、それ以外の所得税の調査とは別の調査として、法第74条の９から法第74条の11ま

での各条の規定が適用されることに留意する。
（3）　同一の納税義務者に納付方法の異なる複数の印紙税の納税義務がある場合には、それぞれの納付方法によって特定される納税義務に関してなされる調査について、法第74条の9から法第74条の11までの各条の規定が適用されることに留意する。
（4）　次のイ又はロに掲げる場合において、納税義務者の事前の同意があるときは、納税義務者の負担軽減の観点から、一の納税義務に関してなされる一の調査を複数に区分して、法第74条の9から法第74条の11までの各条の規定を適用することができることに留意する。
　　イ　同一課税期間の法人税の調査について、移転価格調査とそれ以外の部分の調査に区分する場合。
　　ロ　連結子法人が複数の連結法人に係る同一課税期間の法人税の調査について、連結子法人の調査を複数の調査に区分する場合。

3-2　「課税期間」の意義等
（1）　3-1において、「課税期間」とは、法第2条第9号《定義》に規定する「課税期間」をいうのであるが、具体的には、次のとおりとなることに留意する。
　　イ　所得税については、暦年。ただし、年の中途で死亡した者又は出国をする者に係る所得税については、その年1月1日からその死亡又は出国の日までの期間。
　　ロ　法人税については、事業年度又は連結事業年度。ただし、中間申告分については、その事業年度開始の日から6月を経過した日の前日までの期間、連結中間申告分については、その連結事業年度開始の日から6月を経過した日の前日までの期間。
　　ハ　贈与税については、暦年。ただし、年の中途で死亡した者に係る贈与税については、その年1月1日からその死亡の日までの期間。
　　ニ　個人事業者に係る消費税（消費税法第47条《引取りに係る課税貨物につ

いての課税標準額及び税額の申告等》に該当するものを除く。)については、暦年。また、法人に係る消費税(消費税法第47条《引取りに係る課税貨物についての課税標準額及び税額の申告等》に該当するものを除く。)については、事業年度。ただし、消費税法第19条《課税期間》に規定する課税期間の特例制度を適用する場合には、当該特例期間。

ホ 酒税(酒税法第30条の2第2項《移出に係る酒類についての課税標準及び税額の申告》及び同法第30条の3《引取りに係る酒類についての課税標準及び税額の申告等》に該当するものを除く。)、たばこ税・たばこ特別税(たばこ税法第18条《引取りに係る製造たばこについての課税標準及び税額の申告等》に該当するものを除く。)、揮発油税・地方揮発油税(揮発油税法第11条《引取りに係る揮発油についての課税標準及び税額の申告等》に該当するものを除く。)、石油ガス税(石油ガス税法第17条《引取りに係る課税石油ガスについての課税標準及び税額の申告等》に該当するものを除く。)、石油石炭税(石油石炭税法第14条《引取りに係る原油等についての課税標準及び税額の申告等》に該当するものを除く。)、印紙税(印紙税法第11条《書式表示による申告及び納付の特例》の規定の適用を受けるものに限る。)、航空機燃料税又は電源開発促進税については、その月の1日から末日までの間。

ヘ 印紙税(印紙税法第12条《預貯金通帳等に係る申告及び納付等の特例》の規定の適用を受けるものに限る。)については、4月1日から翌年3月31日までの期間。

(2) 法第74条の9から法第74条の11までの各条の規定の適用に当たっては、課税期間のない国税については、それぞれ次のとおりとする。

イ 相続税については、一の被相続人からの相続又は遺贈(死因贈与を含む。)を一の課税期間として取り扱う。

ロ 酒税(酒税法第30条の2第2項《移出に係る酒類についての課税標準及び税額の申告》に該当するものに限る。)については、酒税法第30条の2第2項各号《移出に係る酒類についての課税標準及び税額の申告》に該当

した時を一の課税期間として取り扱う。
ハ　源泉徴収に係る所得税については、同一の法定納期限となる源泉徴収に係る所得税を一の課税期間として取り扱う。
ニ　印紙税（印紙税法第11条《書式表示による申告及び納付の特例》及び同法第12条《預貯金通帳等に係る申告及び納付等の特例》の規定の適用を受けるものを除く。）については、調査の対象となる期間を4月1日から翌年3月31日までの期間で区分した各期間（当該区分により1年に満たない期間が生じるときは、当該期間）を一の課税期間として取り扱う。
ホ　消費税（消費税法第47条《引取りに係る課税貨物についての課税標準額及び税額の申告等》に該当するものに限る。）、酒税（酒税法第30条の3《引取りに係る酒類についての課税標準及び税額の申告等》に該当するものに限る。）、たばこ税・たばこ特別税（たばこ税法第18条《引取りに係る製造たばこについての課税標準及び税額の申告等》に該当するものに限る。）、揮発油税・地方揮発油税（揮発油税法第11条《引取りに係る揮発油についての課税標準及び税額の申告等》に該当するものに限る。）、石油ガス税（石油ガス税法第17条《引取りに係る課税石油ガスについての課税標準及び税額の申告等》に該当するものに限る。）又は石油石炭税（石油石炭税法第14条《引取りに係る原油等についての課税標準及び税額の申告等》に該当するものに限る。）については、それぞれ各条に該当するときの属する時を一の課税期間として取り扱う。

3－3　「調査」に該当しない行為【1－2の再掲】

　当該職員が行う行為であって、次に掲げる行為のように、特定の納税義務者の課税標準等又は税額等を認定する目的で行う行為に至らないものは、調査には該当しないことに留意する。また、これらの行為のみに起因して修正申告書若しくは期限後申告書の提出又は源泉徴収に係る所得税の自主納付があった場合には、当該修正申告書等の提出等は更正若しくは決定又は納税の告知があるべきことを予知してなされたものには当たらないことに留意する。

参考資料

（1） 提出された納税申告書の自発的な見直しを要請する行為で、次に掲げるもの。
　イ　提出された納税申告書に法令により添付すべきものとされている書類が添付されていない場合において、納税義務者に対して当該書類の自発的な提出を要請する行為。
　ロ　当該職員が保有している情報又は提出された納税申告書の検算その他の形式的な審査の結果に照らして、提出された納税申告書に計算誤り、転記誤り又は記載漏れ等があるのではないかと思料される場合において、納税義務者に対して自発的な見直しを要請した上で、必要に応じて修正申告書又は更正の請求書の自発的な提出を要請する行為。
（2） 提出された納税申告書の記載事項の審査の結果に照らして、当該記載事項につき税法の適用誤りがあるのではないかと思料される場合において、納税義務者に対して、適用誤りの有無を確認するために必要な基礎的情報の自発的な提供を要請した上で、必要に応じて修正申告書又は更正の請求書の自発的な提出を要請する行為。
（3） 納税申告書の提出がないため納税申告書の提出義務の有無を確認する必要がある場合において、当該義務があるのではないかと思料される者に対して、当該義務の有無を確認するために必要な基礎的情報（事業活動の有無等）の自発的な提供を要請した上で、必要に応じて納税申告書の自発的な提出を要請する行為。
（4） 当該職員が保有している情報又は提出された所得税徴収高計算書の記載事項の確認の結果に照らして、源泉徴収税額の納税額に過不足徴収額があるのではないかと思料される場合において、納税義務者に対して源泉徴収税額の自主納付等を要請する行為。
（5） 源泉徴収に係る所得税に関して源泉徴収義務の有無を確認する必要がある場合において、当該義務があるのではないかと思料される者に対して、当該義務の有無を確認するために必要な基礎的情報（源泉徴収の対象となる所得の支払の有無）の自発的な提供を要請した上で、必要に応じて源泉徴収税

額の自主納付を要請する行為。

3-4 「実地の調査」の意義
　法第74条の9及び法第74条の11に規定する「実地の調査」とは、国税の調査のうち、当該職員が納税義務者の支配・管理する場所（事業所等）等に臨場して質問検査等を行うものをいう。

3-5 通知等の相手方
　法第74条の9から法第74条の11までの各条に規定する納税義務者に対する通知、説明、勧奨又は交付（以下、3-5において「通知等」という。）の各手続の相手方は法第74条の9第3項第1号に規定する「納税義務者」（法人の場合は代表者）となることに留意する。
　ただし、納税義務者に対して通知等を行うことが困難な事情等がある場合には、権限委任の範囲を確認した上で、当該納税義務者が未成年者の場合にはその法定代理人、法人の場合にはその役員若しくは納税申告書に署名した経理に関する事務の上席の責任者（法人税法第151条第2項《代表者等の自署押印》）又は源泉徴収事務の責任者等、一定の業務執行の権限委任を受けている者を通じて当該納税義務者に通知等を行うこととしても差し支えないことに留意する。

第2節　事前通知に関する事項
4-1　法第74条の9又は法第74条の10の規定の適用範囲
　法第74条の9又は法第74条の10の規定が適用される調査には、更正決定等を目的とする調査のほか、異議決定や申請等の審査のために行う調査も含まれることに留意する。

4-2　申請等の審査のために行う調査の事前通知
　申請等の審査のため実地の調査を行う場合において、納税義務者に通知する事項である法第74条の9第1項第5号に掲げる「調査の対象となる期間」は、

参考資料

当該申請書等の提出年月日（提出年月日の記載がない場合は、受理年月日）となることに留意する。

4-3　事前通知事項としての「帳簿書類その他の物件」

　実地の調査を行う場合において、納税義務者に通知する事項である法第74条の9第1項第6号に掲げる「調査の対象となる帳簿書類その他の物件」は、帳簿書類その他の物件が国税に関する法令の規定により備付け又は保存をしなければならないこととされている場合には、当該帳簿書類その他の物件の名称に併せて根拠となる法令を示すものとし、国税に関する法令の規定により備付け又は保存をすることとされていない場合には、帳簿書類その他の物件の一般的な名称又は内容を例示するものとする。

4-4　質問検査等の対象となる「帳簿書類その他の物件」の範囲【1-5の再掲】

　法第74条の2から法第74条の6までの各条に規定する「帳簿書類その他の物件」には、国税に関する法令の規定により備付け、記帳又は保存をしなければならないこととされている帳簿書類のほか、各条に規定する国税に関する調査又は法第74条の3に規定する徴収の目的を達成するために必要と認められる帳簿書類その他の物件も含まれることに留意する。

　（注）「帳簿書類その他の物件」には、国外において保存するものも含まれることに留意する。

4-5　「調査の対象となる期間」として事前通知した課税期間以外の課税期間に係る「帳簿書類その他の物件」

　事前通知した課税期間の調査について必要があるときは、事前通知した当該課税期間以外の課税期間（進行年分を含む。）に係る帳簿書類その他の物件も質問検査等の対象となることに留意する。

　（注）　例えば、事前通知した課税期間の調査のために、その課税期間より前又は後の課税期間における経理処理を確認する必要があるときは、法

177

第74条の9第4項によることなく必要な範囲で当該確認する必要がある課税期間の帳簿書類その他の物件の質問検査等を行うことは可能であることに留意する。

4-6　事前通知した日時等の変更に係る合理的な理由

　法第74条の9第2項の規定の適用に当たり、調査を開始する日時又は調査を行う場所の変更を求める理由が合理的であるか否かは、個々の事案における事実関係に即して、当該納税義務者の私的利益と実地の調査の適正かつ円滑な実施の必要性という行政目的とを比較衡量の上判断するが、例えば、納税義務者等（税務代理人を含む。以下、4-6において同じ。）の病気・怪我等による一時的な入院や親族の葬儀等の一身上のやむを得ない事情、納税義務者等の業務上やむを得ない事情がある場合は、合理的な理由があるものとして取り扱うことに留意する。

　　（注）　法第74条の9第2項の規定による協議の結果、法第74条の9第1項第1号又は同項第2号に掲げる事項を変更することとなった場合には、当該変更を納税義務者に通知するほか、当該納税義務者に税務代理人がある場合には、当該税務代理人にも通知するものとする。

4-7　「その営む事業内容に関する情報」の範囲等

　法第74条の10に規定する「その営む事業内容に関する情報」には、事業の規模又は取引内容若しくは決済手段などの具体的な営業形態も含まれるが、単に不特定多数の取引先との間において現金決済による取引をしているということのみをもって事前通知を要しない場合に該当するとはいえないことに留意する。

4-8　「違法又は不当な行為」の範囲

　法第74条の10に規定する「違法又は不当な行為」には、事前通知をすることにより、事前通知前に行った違法又は不当な行為の発見を困難にする目的で、事前通知後は、このような行為を行わず、又は、適法な状態を作出することに

参考資料

より、結果として、事前通知後に、違法又は不当な行為を行ったと評価される状態を生じさせる行為が含まれることに留意する。

4-9 「違法又は不当な行為を容易にし、正確な課税標準等又は税額等の把握を困難にするおそれ」があると認める場合の例示

　法第74条の10に規定する「違法又は不当な行為を容易にし、正確な課税標準等又は税額等の把握を困難にするおそれ」があると認める場合とは、例えば、次の（1）から（5）までに掲げるような場合をいう。
（1）　事前通知をすることにより、納税義務者において、法第127条第2号又は同条第3号に掲げる行為を行うことを助長することが合理的に推認される場合。
（2）　事前通知をすることにより、納税義務者において、調査の実施を困難にすることを意図し逃亡することが合理的に推認される場合。
（3）　事前通知をすることにより、納税義務者において、調査に必要な帳簿書類その他の物件を破棄し、移動し、隠匿し、改ざんし、変造し、又は偽造することが合理的に推認される場合。
（4）　事前通知をすることにより、納税義務者において、過去の違法又は不当な行為の発見を困難にする目的で、質問検査等を行う時点において適正な記帳又は書類の適正な記載と保存を行っている状態を作出することが合理的に推認される場合。
（5）　事前通知をすることにより、納税義務者において、その使用人その他の従業者若しくは取引先又はその他の第三者に対し、上記（1）から（4）までに掲げる行為を行うよう、又は調査への協力を控えるよう要請する（強要し、買収し又は共謀することを含む。）ことが合理的に推認される場合。

4-10 「その他国税に関する調査の適正な遂行に支障を及ぼすおそれ」があると認める場合の例示

法第74条の10に規定する「その他国税に関する調査の適正な遂行に支障を及ぼすおそれ」があると認める場合とは、例えば、次の（1）から（3）までに掲げるような場合をいう。

（1） 事前通知をすることにより、税務代理人以外の第三者が調査立会いを求め、それにより調査の適正な遂行に支障を及ぼすことが合理的に推認される場合。

（2） 事前通知を行うため相応の努力をして電話等による連絡を行おうとしたものの、応答を拒否され、又は応答がなかった場合。

（3） 事業実態が不明であるため、実地に臨場した上で確認しないと事前通知先が判明しない等、事前通知を行うことが困難な場合。

第3節　調査の終了の際の手続に関する事項

5－1　法第74条の11第1項又は第2項の規定の適用範囲

法第74条の11第1項又は同条第2項の規定は、異議決定や申請等の審査のために行う調査など更正決定等を目的としない調査には適用されないことに留意する。

5－2　「更正決定等」の範囲

法第74条の11に規定する「更正決定等」には、法第24条《更正》若しくは法第26条《再更正》の規定による更正若しくは法第25条《決定》の規定による決定又は法第32条《賦課決定》の規定による賦課決定（過少申告加算税、無申告加算税、不納付加算税、重加算税及び過怠税の賦課決定を含む。）のほか、源泉徴収に係る所得税でその法定納期限までに納付されなかったものに係る法第36条《納税の告知》に規定する納税の告知が含まれることに留意する。

5－3　「更正決定等をすべきと認めた額」の意義

法第74条の11第2項に規定する「更正決定等をすべきと認めた額」とは、当該職員が調査結果の内容の説明をする時点において得ている情報に基づいて合

理的に算定した課税標準等、税額等、加算税又は過怠税の額をいう。
　（注）　課税標準等、税額等、加算税又は過怠税の額の合理的な算定とは、例えば、次のようなことをいう。
　　イ　法人税の所得の金額の計算上当該事業年度の直前の事業年度分の事業税の額を損金の額に算入する場合において、課税標準等、税額等、加算税又は過怠税の額を標準税率により算出すること。
　　ロ　相続税において未分割の相続財産等がある場合において、課税標準等、税額等、加算税又は過怠税の額を相続税法第55条《未分割遺産に対する課税》の規定に基づき計算し、算出すること。

5-4　調査結果の内容の説明後の調査の再開及び再度の説明

　国税に関する調査の結果、法第74条の11第2項の規定に基づき調査結果の内容の説明を行った後、当該調査について納税義務者から修正申告書若しくは期限後申告書の提出若しくは源泉徴収に係る所得税の納付がなされるまでの間又は更正決定等を行うまでの間において、当該説明の前提となった事実が異なることが明らかとなり当該説明の根拠が失われた場合など当該職員が当該説明に係る内容の全部又は一部を修正する必要があると認めた場合には、必要に応じ調査を再開した上で、その結果に基づき、再度、調査結果の内容の説明を行うことができることに留意する。

5-5　調査の終了の際の手続に係る書面の交付手続

　法第74条の11の規定による書面の交付に係る手続については、法第12条第4項《書類の送達》及び規則第1条第1項《交付送達の手続》の各規定の適用があることに留意する。

5-6　法第74条の11第6項の規定の適用

　更正決定等を目的とする調査の結果、法第74条の11第1項の通知を行った後、又は同条第2項の調査の結果につき納税義務者から修正申告書若しくは期限後

申告書の提出若しくは源泉徴収に係る所得税の納付がなされた後若しくは更正決定等を行った後において、新たに得られた情報に照らして非違があると認めるときは、当該職員は当該調査(以下、5-6において「前回の調査」という。)の対象となった納税義務者に対し、前回の調査に係る納税義務に関して、再び質問検査等(以下、第3章第3節において「再調査」という。)を行うことができることに留意する。

 (注)
  1 　前回の調査は、更正決定等を目的とする調査であることから、前回の調査には、5-1に規定するように異議決定又は申請等の審査のために行う調査は含まれないことに留意する。
  2 　3-1(4)の取扱いによる場合には、例えば、同一の納税義務者に対し、移転価格調査を行った後に移転価格調査以外の部分の調査を行うときは、両方の調査が同一の納税義務に関するものであっても、移転価格調査以外の部分の調査は再調査には当たらないことに留意する。

5-7 「新たに得られた情報」の意義

　法第74条の11第6項に規定する「新たに得られた情報」とは、同条第1項の通知又は同条第2項の説明(5-4の「再度の説明」を含む。)に係る国税の調査において質問検査等を行った当該職員が、当該通知又は当該説明を行った時点において有していた情報以外の情報をいう。

　(注)　調査担当者が調査の終了前に変更となった場合は、変更の前後のいずれかの調査担当者が有していた情報以外の情報をいう。

5-8 「新たに得られた情報に照らし非違があると認めるとき」の範囲

　法第74条の11第6項に規定する「新たに得られた情報に照らし非違があると認めるとき」には、新たに得られた情報から非違があると直接的に認められる場合のみならず、新たに得られた情報が直接的に非違に結びつかない場合であっても、新たに得られた情報とそれ以外の情報とを総合勘案した結果として

非違があると合理的に推認される場合も含まれることに留意する。

5-9 事前通知事項以外の事項について調査を行う場合の法第74条の11第6項の規定の適用

　法第74条の9第4項の規定により事前通知した税目及び課税期間以外の税目及び課税期間について質問検査等を行おうとする場合において、当該質問検査等が再調査に当たるときは、法第74条の11第6項の規定により、新たに得られた情報に照らし非違があると認められることが必要であることに留意する。

第4節　連結法人の連結所得に対する法人税に係る適用関係に関する事項

6-1　法第74条の9又は法第74条の10の規定の適用関係

　連結所得に対する法人税の調査の場合には、各連結法人が、それぞれ法第74条の9第3項第1号に規定する「納税義務者」に当たることから、法第74条の9又は法第74条の10の規定は、連結法人の場合には、連結親法人、連結子法人の区別を問わず、当該職員による質問検査等の対象となる各連結法人ごとに適用することに留意する。

6-2　連結子法人に対する事前通知

　法第74条の9第1項の規定による事前通知は、実地の調査において質問検査等の対象となる納税義務者に対して行うものであるから、連結所得に対する法人税の調査の場合には、実地の調査を行わない連結子法人に対しては、事前通知を行うことを要しないことに留意する。

6-3　法第74条の11第1項又は第2項の規定の適用関係

（1）　連結親法人に対する更正決定等をすべきと認められない旨の通知

　　連結親法人に対する法第74条の11第1項の規定による更正決定等をすべきと認められない旨の通知については、国税に関する実地の調査の結果、当該連結親法人及び連結子法人のいずれにも非違事項が認められない場合に通知

することに留意する。
（2）　連結親法人に対する調査結果の内容の説明

　　連結親法人に対する法第74条の11第2項の規定による調査結果の内容の説明については、国税に関する調査の結果、当該連結親法人において認められた非違事項のほか、連結子法人において認められた非違事項についても説明することに留意する。

（3）　連結子法人に対する調査の終了の際の手続

　　連結子法人について、法第74条の11第2項に規定する「更正決定等をすべきと認める場合」に該当するか否かは、国税に関する調査の結果、当該連結子法人に係る法人税法第81条の25《連結子法人の個別帰属額等の届出》の規定による個別帰属額の届出書に記載された内容について、連結親法人に対して更正決定等をすべきと認められることとなる非違事項（以下、6-3（3）において単に「非違事項」という。）があるかどうかにより判定することに留意する。

　　（注）　連結子法人に対する実地の調査の結果、非違事項が認められない場合には、他の連結子法人に対する調査の結果、非違事項が認められ、連結親法人に対して更正決定等を行うこととなっても、当該非違事項が認められない連結子法人に対しては更正決定等をすべきと認められない旨を通知することとなることに留意する。

6-4　一部の連結子法人の同意がない場合における連結親法人への通知等

　法第74条の11第4項の規定の適用上、連結子法人の同意があるかどうかは、各連結法人ごとに判断することとなるが、2以上の連結子法人のうち、一部の連結子法人について同項の同意がない場合においては、当該同意がない連結子法人に対する同条第1項の通知又は同条第2項に規定する説明については、当該同意がない連結子法人に対して行うことに留意する。

6-5　法第74条の11第6項の規定の適用関係

連結法人に対して、国税に関する調査（以下、6－5において「前回の調査」という。）を行った後において、前回の調査における質問検査等の相手方とならなかった連結子法人に対して、前回の調査における課税期間を対象として国税に関する調査を行おうとする場合には、法第74条の11第6項の適用があることに留意する（3－1（4）ロの取扱いによる場合を除く。）。

第5節　税務代理人に関する事項

7－1　税務代理人を通じた事前通知事項の通知

実地の調査の対象となる納税義務者について税務代理人がある場合における法第74条の9第1項の規定による通知については、納税義務者及び税務代理人の双方に対して行うことに留意する。

ただし、納税義務者から同項各号に掲げる事項について税務代理人を通じて当該納税義務者に通知して差し支えない旨の申立てがあったときは、当該税務代理人を通じて当該納税義務者へ当該事項を通知することとして差し支えないことに留意する。

なお、ただし書きによる場合においても、「実地の調査において質問検査等を行わせる」旨の通知については直接納税義務者に対して行う必要があることに留意する。

7－2　税務代理人からの事前通知した日時等の変更の求め

実地の調査の対象となる納税義務者について税務代理人がある場合において、法第74条の9第2項の規定による変更の求めは、当該納税義務者のほか当該税務代理人も行うことができることに留意する。

7－3　税務代理人がある場合の実地の調査以外の調査結果の内容の説明等

実地の調査以外の調査により質問検査等を行った納税義務者について税務代理人がある場合における法第74条の11第2項に規定する調査結果の内容の説明並びに同条第3項に規定する説明及び交付については、同条第5項に準じて取

り扱うこととしても差し支えないことに留意する。

7-4 法に基づく事前通知と税理士法第34条《調査の通知》に基づく調査の通知との関係

　実地の調査の対象となる納税義務者について税務代理人がある場合において、当該税務代理人に対して法第74条の９第１項の規定に基づく通知を行った場合には、税理士法第34条《調査の通知》の規定による通知を併せて行ったものと取り扱うことに留意する。

7-5 一部の納税義務者の同意がない場合における税務代理人への説明等

　法第74条の11第５項の規定の適用上、納税義務者の同意があるかどうかは、個々の納税義務者ごとに判断することに留意する。
　　（注）　例えば、相続税の調査において、複数の納税義務者がある場合における法第74条の11第５項の規定の適用については、個々の納税義務者ごとにその納税義務者の同意の有無により、その納税義務者に通知等を行うかその税務代理人に通知等を行うかを判断することに留意する。

第４章　経過措置に関する事項

8-1 提出物件の留置きの適用

　法第74条の７の「提出物件の留置き」に関する規定は、平成25年１月１日以後に提出される物件について適用されることに留意する。

8-2 事前通知手続の適用

　法第74条の９の「納税義務者に対する調査の事前通知等」に関する規定は、平成25年１月１日以後に納税義務者に対して法第74条の２から法第74条の６までの規定による質問検査等を行う調査から適用されることに留意する。
　　（注）　法第74条の２から法第74条の６までの各条の規定は、平成25年１月１日以後に納税義務者等に対して行う質問検査等（同日前から引き続き

行われている調査等に係るものを除く。)から適用されることに留意する。

8-3　調査の終了の際の手続の適用

　法第74条の11の「調査の終了の際の手続」に関する規定は、平成25年1月1日以後に納税義務者に対して法第74条の2から法第74条の6までの規定による質問検査等を行う調査から適用されることに留意する。

　（注）
　1　法第74条の2から法第74条の6までの各条の規定は、平成25年1月1日以後に納税義務者等に対して行う質問検査等（同日前から引き続き行われている調査等に係るものを除く。）から適用されることに留意する。
　2　法第74条の14《行政手続法の適用除外》に規定する理由の提示は、平成25年1月1日より前に改正前の各税法に基づき質問検査等を開始した調査であっても同日以後に行う処分から適用となるので留意する。

附録Ⅲ　税務調査の際の納税者および関与税理士に対する事前通知について

1　事前通知の管理

（1）局調査課等および署における管理

　納税者に対して事前通知を行うかどうかは、調査担当者の判断に委ねさせることなく、幹部（課長、統括国税調査官、特別国税調査官、主任協議官、協議団支部長、課長補佐、主査または係長。以下同じ。）自身が決定して指示する。調査担当者は、指示を受けた事項、事前通知年月日、立会者の有無、立会者の氏名を税歴表または調査カード等の調査指令事項欄等に記載することにより、事績を明らかにすること。

（2）局における管理

　局直税部においては、署における納税者に対する事前通知の実施状況を随時把握し、その状況を比較検討して、署によって区々とならないよう権衡の

保持に努めること。

2　事前通知の時期および方法

　納税者に対する事前通知は、原則として調査着手前妥当な時間的余裕をおいて、文書または電話により行うものとし、調査着手直前に電話で通知する等単に形式的な通知にとどまるようなことのないように配意すること。

3　事前通知の対象

　1の（1）により納税者に対し事前に通知を行うかどうかは、幹部の良識ある判断によることはいうまでもないが、現況についての調査が重要である事案等事前に通知をすることが適当でないと認められるものを除く事案について、事前通知を行うこと。

4　関与税理士への通知

　申告にかかる事項についての税務調査の際に、納税者に対して事前通知を行う場合において、その納税者について税理士法第30条の規定による代理権を証する書面を提出している税理士があるときは、同法第34条の規定により必ず2による納税者に対する通知とあわせて、その関与税理士に対しても通知をしなければならないのであるから留意すること。

5　関与税理士の調査立会についての留意事項

　税理士の業務は、（1）税理士会に入会している税理士、（2）通知弁護士、（3）通知公認会計士、（4）税理士法第50条の規定により許可を受けた地方公共団体等の職員（以下「税理士等」という。）以外の者が行うことができないのであるから、大部分の場合に税理士業務におよぶこととなる税務調査の立会は、税理士等自身があたるべきものであることに留意すること。

参考資料

附録IV 調査手続の実施に当たっての基本的な考え方等について(事務運営指針)

第1章 基本的な考え方

　調査手続については、平成23年12月に国税通則法（以下「法」という。）の一部が改正され、手続の透明性及び納税者の予見可能性を高め、調査に当たって納税者の協力を促すことで、より円滑かつ効果的な調査の実施と申告納税制度の一層の充実・発展に資する観点及び課税庁の納税者に対する説明責任を強化する観点から、従来の運用上の取扱いが法令上明確化されたところである。

　調査の実施に当たっては、今般の法改正の趣旨を踏まえ、「納税者の自発的な納税義務の履行を適正かつ円滑に実現する」との国税庁の使命を適切に実施する観点から、調査がその公益的必要性と納税者の私的利益との衡量において社会通念上相当と認められる範囲内で、納税者の理解と協力を得て行うものであることを十分認識した上で、法令に定められた調査手続を遵守し、適正かつ公平な課税の実現を図るよう努める。

第2章 基本的な事務手続及び留意事項

1 調査と行政指導の区分の明示

　納税義務者等に対し調査又は行政指導に当たる行為を行う際は、対面、電話、書面等の態様を問わず、いずれの事務として行うかを明示した上で、それぞれの行為を法令等に基づき適正に行う。

　（注）
　1　調査とは、国税（法第74条の2から法第74条の6までに掲げる税目に限る。）に関する法律の規定に基づき、特定の納税義務者の課税標準等又は税額等を認定する目的その他国税に関する法律に基づく処分を行う目的で当該職員が行う一連の行為（証拠資料の収集、要件事実の認定、法令の解釈適用など）をいうことに留意する（「手続通達」（平成24年9月12日付課総5-9ほか9課共同「国税通則法第7章の2（国税の調査）

関係通達」(法令解釈通達)をいう。以下同じ。) 1-1)。
　2　当該職員が行う行為であって、特定の納税義務者の課税標準等又は税額等を認定する目的で行う行為に至らないものは、調査には該当しないことに留意する(手続通達1-2)。

2　事前通知に関する手続

(1)　事前通知の実施

　納税義務者に対し実地の調査を行う場合には、原則として、調査の対象となる納税義務者及び税務代理人の双方に対し、調査開始日前までに相当の時間的余裕をおいて、電話等により、法第74条の9第1項に基づき、実地の調査において質問検査等を行う旨、並びに同項各号及び国税通則法施行令第30条の4に規定する事項を事前通知する。

　この場合、事前通知に先立って、納税義務者及び税務代理人の都合を聴取し、必要に応じて調査日程を調整の上、事前通知すべき調査開始日時を決定することに留意する。

　なお、事前通知の実施に当たっては、納税義務者及び税務代理人に対し、通知事項が正確に伝わるよう分かりやすく丁寧な通知を行うよう努める。

　　(注)　納税義務者から、事前通知の詳細は税務代理人を通じて通知して差し支えない旨の申立てがあった場合には、納税義務者には実地の調査を行うことのみを通知し、その他の通知事項は税務代理人を通じて通知することとして差し支えないことに留意する(手続通達7-1)。

(2)　調査開始日時等の変更の求めがあった場合の手続

　事前通知を行った後、納税義務者から、調査開始日前に、合理的な理由を付して事前通知した調査開始日時又は調査開始場所の変更の求めがあった場合には、個々の事案における事実関係に即して、納税義務者の私的利益と実地の調査の適正かつ円滑な実施の必要性という行政目的とを比較衡量の上、変更の適否を適切に判断する(手続通達4-6)。

　　(注)　税務代理人の事情により、調査開始日時又は調査開始場所を変更する求めがあった場合についても同様に取り扱うことに留意する(手続通

達7-2)。

(3) 事前通知を行わない場合の手続

　実地の調査を行う場合において、納税義務者の申告若しくは過去の調査結果の内容又はその営む事業内容に関する情報その他国税庁、国税局又は税務署がその時点で保有する情報に鑑み、

① 違法又は不当な行為を容易にし、正確な課税標準等又は税額等の把握を困難にするおそれ

② その他国税に関する調査の適正な遂行に支障を及ぼすおそれ

があると認める場合には、事前通知を行わないものとする。

　この場合、事前通知を行わないことについては、法令及び手続通達に基づき、個々の事案の事実関係に即してその適法性を適切に判断する（手続通達4-7、4-8、4-9、4-10）。

（注）

1　複数の納税義務者に対して同時に調査を行う場合においても、事前通知を行わないことについては、個々の納税義務者ごとに判断することに留意する。

2　事前通知を行うことなく実地の調査を実施する場合であっても、調査の対象となる納税義務者に対し、臨場後速やかに、「調査の目的」、「調査の対象となる税目」、「調査の対象となる期間」、「調査の対象となる帳簿書類その他の物件」、「調査対象者の氏名又は名称及び住所又は居所」、「調査担当者の氏名及び所属官署」を通知するとともに、それらの事項（調査の目的、調査の対象となる税目、調査の対象となる期間等）以外の事項についても、調査の途中で非違が疑われることとなった場合には、質問検査等の対象となる旨を説明し、納税義務者の理解と協力を得て調査を開始することに留意する。

　なお、税務代理人がある場合は、当該税務代理人に対しても、臨場後速やかにこれらの事項を通知することに留意する。

3　調査時における手続

（1） 身分証明書等の携帯等

　実地の調査を実施する場合には、身分証明書及び質問検査章を必ず携帯し、質問検査等の相手方となる者に提示して調査のために往訪した旨を明らかにした上で、調査に対する理解と協力を得て質問検査等を行う。

　（注）　行政指導の目的で納税義務者の事業所等に往訪する場合であっても身分証明書を携帯・提示し、行政指導で往訪した旨を明らかにすることは必要であることに留意する。

（2） 通知事項以外の事項についての調査

　納税義務者に対する実地の調査において、納税義務者に対し、通知した事項（上記2（3）注2に規定する場合における通知事項を含む。）以外の事項について非違が疑われた場合には、納税義務者に対し調査対象に追加する税目、期間等を説明し理解と協力を得た上で、調査対象に追加する事項についての質問検査等を行う。

（3） 質問検査等の相手方となる者の代理人等への質問検査等

　調査について必要がある場合において、質問検査等の相手方となる者の代理人、使用人その他の従業者に対し質問検査等を行う場合には、原則として、あらかじめ当該質問検査等の相手方となる者の理解と協力を得る。

（4） 帳簿書類その他の物件の提示・提出の求め

　調査について必要がある場合において、質問検査等の相手方となる者に対し、帳簿書類その他の物件（その写しを含む。）の提示・提出を求めるときは、質問検査等の相手方となる者の理解と協力の下、その承諾を得て行う。

　（注）　質問検査等の相手方となる者について、職務上の秘密についての守秘義務に係る規定（例：医師等の守秘義務）や調査等に当たり留意すべき事項に係る規定（例：宗教法人法第84条）が法令で定められている場合においては、質問検査等を行うに当たっては、それらの定めにも十分留意する。

（5） 提出を受けた帳簿書類等の留置き

　提出を受けた帳簿書類等の留置きは、

① 質問検査等の相手方となる者の事務所等で調査を行うスペースがなく調査を効率的に行うことができない場合
② 帳簿書類等の写しの作成が必要であるが調査先にコピー機がない場合
③ 相当分量の帳簿書類等を検査する必要があるが、必ずしも質問検査等の相手方となる者の事業所等において当該相手方となる者に相応の負担をかけて説明等を求めなくとも、税務署や国税局内において当該帳簿書類等に基づく一定の検査が可能であり、質問検査等の相手方となる者の負担や迅速な調査の実施の観点から合理的であると認められる場合

など、やむを得ず留め置く必要がある場合や、質問検査等の相手方となる者の負担軽減の観点から留置きが合理的と認められる場合に、留め置く必要性を説明し、帳簿書類等を提出した者の理解と協力の下、その承諾を得て実施する。

なお、帳簿書類等を留め置く際は、別途定める書面（以下「預り証」という。）に当該帳簿書類等の名称など必要事項を記載した上で帳簿書類等を提出した者に交付する。

また、留め置いた帳簿書類等については、善良な管理者の注意をもって文書及び個人情報の散逸、漏洩等の防止にも配意して管理する。

おって、留め置く必要がなくなったときには、遅滞なく、交付した「預り証」と引換えに留め置いた帳簿書類等を返還する。

（注）
1　帳簿書類等を提出した者から留め置いた帳簿書類等の返還の求めがあったときは、特段の支障がない限り速やかに返還することに留意する。
　　引き続き留め置く必要があり、返還の求めに応じることができない場合には、その旨及び理由を説明するとともに、不服申立てに係る教示を行う必要があるので留意する。
2　「預り証」は、国税に関する法律の規定に基づき交付する書面であることから、「預り証」を交付する際は、帳簿書類等を提出した者に対し交付送達の手続としての署名・押印を求めることに留意する。
3　「預り証」と引換えに留め置いた帳簿書類等を返還する際は、帳簿書

類等を返還した事実を記録にとどめるため、「預り証」に返還を受けた旨の記載及び帳簿書類等を提出した者の署名・押印を求めることに留意する。

　　　　この場合において、帳簿書類等を提出した者から返還を要しない旨の申出があった場合には、返還を受けた旨の記載に代えて返還を要しない旨の記載を求めることに留意する。

（6）反面調査の実施

　　取引先等に対する反面調査の実施に当たっては、その必要性と反面調査先への事前連絡の適否を十分検討する。

　　（注）　反面調査の実施に当たっては、反面調査である旨を取引先等に明示した上で実施することに留意する。

（7）証拠の収集・保全と的確な事実認定

　　調査の過程において、申告内容等に関して非違が疑われる事項を把握した場合には、納税義務者及び税務代理人にその事項について十分な説明を求め、その意見又は主張を十分聴取した上で、納税義務者及び税務代理人の説明内容等を整理し、必要な証拠の収集・保全を行った上で的確な事実認定を行い、法第74条の11第2項に基づく調査結果の内容の説明の対象となる更正決定等をすべきと認められる非違であるか否かについて適切に判断する。

4　調査終了の際の手続

（1）更正決定等をすべきと認められない旨の通知

　　実地の調査の結果、更正決定等をすべきと認められないと判断される税目、課税期間がある場合には、法第74条の11第1項に基づき、質問検査等の相手方となった納税義務者に対して、当該税目、課税期間について更正決定等をすべきと認められない旨の通知を書面により行う。

　　（注）　実地の調査以外の調査において納税義務者に対し質問検査等を行い、その結果、調査の対象となった全ての税目、課税期間について更正決定等をすべきと認められない場合には、更正決定等をすべきと認めら

参考資料

れない旨の通知は行わないが、調査が終了した際には、調査が終了した旨を口頭により当該納税義務者に連絡することに留意する。

（２） 調査結果の内容の説明等

　調査の結果、更正決定等をすべきと認められる非違がある場合には、法第74条の11第２項に基づき、納税義務者に対し、当該非違の内容等（税目、課税期間、更正決定等をすべきと認める金額、その理由等）について原則として口頭により説明する。

　その際には、必要に応じ、非違の項目や金額を整理した資料など参考となる資料を示すなどして、納税義務者の理解が得られるよう十分な説明を行うとともに、納税義務者から質問等があった場合には分かりやすく回答するよう努める。また、併せて、納付すべき税額及び加算税のほか、納付すべき税額によっては延滞税が生じることを説明するとともに、当該調査結果の内容の説明等（下記（３）に規定する修正申告等の勧奨を行う場合は、修正申告等の勧奨及び修正申告等の法的効果の教示を含む。）をもって原則として一連の調査手続が終了する旨を説明する。

　（注）　電話又は書面による調査（実地の調査以外の調査）を行った結果については、更正決定等をすべきと認められる非違事項が少なく、非違の内容等を記載した書面を送付することにより、その内容について納税義務者の理解が十分に得られると認められるような簡易なものである場合には、口頭による説明に代えて書面による調査結果の内容の説明を行って差し支えないことに留意する。

　　　　なお、その場合であっても、納税義務者から調査結果の内容について質問があった場合には、分かりやすく回答を行うことに留意する。

（３） 修正申告等の勧奨

　納税義務者に対し、更正決定等をすべきと認められる非違の内容を説明した場合には、原則として修正申告又は期限後申告（以下「修正申告等」という。）を勧奨することとする。

　なお、修正申告等を勧奨する場合には、当該調査の結果について修正申告

書又は期限後申告書（以下「修正申告書等」という。）を提出した場合には不服申立てをすることはできないが更正の請求をすることはできる旨を確実に説明（以下「修正申告等の法的効果の教示」という。）するとともに、その旨を記載した書面（以下「教示文」という。）を交付する。

　（注）
　　1　教示文は、国税に関する法律の規定に基づき交付する書面であることから、教示文を対面で交付する場合は、納税義務者に対し交付送達の手続としての署名・押印を求めることに留意する。
　　2　書面を送付することにより調査結果の内容の説明を行う場合に、書面により修正申告等を勧奨するときは、教示文を同封することに留意する。
　　　なお、この場合、交付送達に該当しないことから、教示文の受領に関して納税義務者に署名・押印を求める必要はないことに留意する。

（4）　調査結果の内容の説明後の調査の再開及び再度の説明

　上記（2）の調査結果の内容の説明を行った後、当該調査について、納税義務者から修正申告書等の提出若しくは源泉徴収に係る所得税の納付がなされるまでの間又は更正決定等を行うまでの間において、当該調査結果の内容の説明の前提となった事実が異なることが明らかとなり当該調査結果の内容の説明の根拠が失われた場合など、当該調査結果の内容の説明に係る内容の全部又は一部を修正する必要があると認められた場合には、必要に応じ調査を再開した上で、その結果に基づき、再度、調査結果の内容の説明を行う（手続通達5-4）。

　なお、調査結果の内容の説明の根拠が失われた場合とは、納税義務者から新たな証拠の提示等があり、当該調査結果の内容の説明の前提となる事実関係に相違が生じるような場合をいう。

（5）　税務代理人がある場合の調査結果の内容の説明等

　実地の調査における更正決定等をすべきと認められない旨の書面の通知、調査結果の内容の説明、修正申告等の勧奨、修正申告等の法的効果の教示及び教示文の交付（以下「通知等」という。）については、原則として納税義

務者に対して行うのであるが、納税義務者の同意がある場合には、納税義務者に代えて、税務代理人に対して当該通知等を行うことができる。
なお、この場合における納税義務者の同意の有無の確認は、
　① 電話又は臨場により納税義務者に直接同意の意思を確認する方法、又は、
　② 税務代理人から納税義務者の同意を得ている旨の申出があった場合には、同意の事実が確認できる書面の提出を求める方法
のいずれかにより行う。
　（注）　実地の調査以外の調査についても、実地の調査の場合に準じて、納税義務者に代えて、税務代理人に対して調査結果の内容の説明、修正申告等の勧奨、修正申告等の法的効果の教示及び教示文の交付を行うことができることに留意する。

　　　　ただし、実地の調査以外の調査において、上記①又は②により納税義務者の同意の意思を確認することが難しい場合には、税務代理人から調査結果の内容の説明を受けることについて委嘱されている旨の申立てがあることをもって、納税義務者に代えて税務代理人に対して調査結果の内容の説明等を行うことができることに留意する（手続通達7-3）。

(6)　再調査の判定

　更正決定等をすべきと認められない旨の通知をした後又は調査の結果につき納税義務者から修正申告書等の提出若しくは源泉徴収に係る所得税の納付があった後若しくは更正決定等をした後に、当該調査の対象となった税目、課税期間について質問検査等を行う場合には、新たに得られた情報に照らして非違があると認める場合に該当するか否かについて、法令及び手続通達に基づき、個々の事案の事実関係に即してその適法性を適切に判断する（手続通達5-7、5-8、5-9）。

　（注）　実地の調査以外の調査を実施した結果、更正決定等をすべきと認められなかった後に、当該調査の対象となった税目、課税期間について質問検査等を行う場合についても、法改正の趣旨を踏まえ、その必要性を

十分検討した上で、実施することに留意する。

(7) その他

　調査において、今後の申告や帳簿書類の備付け、記録及び保存などに関して指導すべき事項があるときは、将来にわたって自主的に適正な申告、納税及び帳簿書類の備付け等が行われるよう十分な説明を行う。

5　理由附記の実施

　行政手続法第2章に規定する申請に対する拒否処分又は同法第3章に規定する不利益処分（同法第3条第1項に定めるものを除く。）を行う場合に必要となる同法第8条又は第14条の規定に基づく処分の理由の提示（理由附記）を行うに当たっては、処分の適正性を担保するとともに処分の理由を相手方に知らせて不服申立ての便宜を図るとの理由附記が求められる趣旨が確保されるよう、適切にこれを行う。

　　（注）　所得税法第155条（青色申告書に係る更正）、法人税法第130条（青色申告書等に係る更正）等の各税法に理由附記をすることが規定されている処分については、従前のとおり当該規定に基づき適切に理由附記を行うことに留意する。

附録Ⅴ　税務調査手続等の先行的取組の実施について（平成24年9月）

【調査手続】

1　事前通知

　実地の調査を行う場合には、原則として、あらかじめ電話等により、納税義務者や税務代理人の方と調査開始日時について日程調整をした上で、法定化された事前通知事項（「法定化された事前通知事項」参照）を納税義務者と税務代理人の双方に通知することとします。

　この場合において、納税義務者の方から「事前通知事項の詳細（『法定化さ

れた事前通知事項』のNo.2からNo.11に掲げる事項）については、税務代理人の方を通じて通知を受けることで差し支えない旨」の申立てがあった場合は、納税義務者の方に対しては「実地の調査を行う旨」（「法定化された事前通知事項」のNo.1に掲げる事項）のみを通知します。

なお、平成24年10月1日以後に開始する実地の調査について、平成24年9月30日以前に事前通知する場合の事前通知手続は、現行手続に基づき実施します。

（注）
1　調査の過程において、あらかじめ通知した事前通知事項以外の事項（税目、期間等）についても調査を行う必要が生じた場合には、運用上、納税義務者や税務代理人の方に対し、原則として、当該追加して調査を行う事項（税目、期間等）を説明した上で、質問検査等を行うこととします。

2　税務代理人とは、税理士法第30条の書面を提出している税理士若しくは同法第48条の2に規定する税理士法人又は同法第51条第1項の規定による通知をした弁護士若しくは同条第3項の規定による通知をした弁護士法人をいいます。

2　修正申告等の勧奨の際の教示文の交付

修正申告等の勧奨に当たっては、納税義務者や税務代理人の方に対し、「不服申立てをすることはできないが更正の請求をすることはできる旨」を説明するとともに、その旨を記載した書面を交付します。

《法定化された事前通知事項》

	事前通知事項	（参考）根拠条文
1	実地の調査を行う旨	国税通則法第74条の9第1項
2	調査開始日時	国税通則法第74条の9第1項第1号
3	調査開始場所	国税通則法第74条の9第1項第2号 国税通則法施行令第30条の4第2項

4	調査の目的	国税通則法第74条の9第1項第3号 国税通則法施行令第30条の4第2項
5	調査の対象となる税目	国税通則法第74条の9第1項第4号
6	調査の対象となる期間	国税通則法第74条の9第1項第5号
7	調査の対象となる帳簿書類その他の物件 ※ 国税に関する法令の規定により備付け又は保存をしなければならないこととされているものである場合にはその旨を併せて通知	国税通則法第74条の9第1項第6号 国税通則法施行令第30条の4第2項
8	調査の相手方である納税義務者の氏名及び住所又は居所	国税通則法第74条の9第1項第7号 国税通則法施行令第30条の4第1項第1号
9	調査を行う当該職員の氏名及び所属官署 ※ 当該職員が複数であるときは、代表する者の氏名及び所属官署	国税通則法第74条の9第1項第7号 国税通則法施行令第30条の4第1項第2号
10	調査開始日時又は調査開始場所の変更に関する事項	国税通則法第74条の9第1項第7号 国税通則法施行令第30条の4第1項第3号
11	事前通知事項以外の事項について非違が疑われることとなった場合には、当該事項に関し調査を行うことができる旨	国税通則法第74条の9第1項第7号 国税通則法施行令第30条の4第1項第4号

参考資料

附録Ⅵ 税務調査手続に関する FAQ（一般納税者向け）

1 総論

> **問1** 平成25年1月から税務調査の手続を定めた国税通則法の規定が施行されることにより、税務調査は変わるのでしょうか。

　今般の改正は、税務調査手続の透明性及び納税者の予見可能性を高め、調査に当たって納税者の方の協力を促すことで、より円滑かつ効果的な調査の実施と、申告納税制度の一層の充実・発展に資する等の観点から、調査手続に関する従来の運用上の取扱いを法令上明確化するものであり、基本的には、税務調査が従来と比べて大きく変化することはありません。

　国税庁では、法改正の趣旨を踏まえた上で、調査の実施に当たっては法令に定められた税務調査手続を遵守するとともに、調査はその公益的必要性と納税者の方の私的利益とのバランスを踏まえ、社会通念上相当と認められる範囲内で、納税者の方の理解と協力を得て行うものであることを十分認識し、その適正な遂行に努めることとしています。

　なお、国税通則法改正後の税務調査手続の流れや改正内容については、国税庁HPに掲載されているパンフレット「税務手続について（国税通則法等の改正）」をご覧ください。

【参考】国税通則法改正の概要
（1） 税務調査手続の明確化

　税務調査手続について、以下のとおり、現行の運用上の取扱いが法令上明確化されました。

　① 税務調査に先立ち、課税庁が原則として事前通知を行うこととされました。ただし、課税の公平確保の観点から、一定の場合には事前通知を行わないこととされました。

② 課税庁の説明責任を強化する観点から、調査終了時の手続が整備されました。

③ 納税者から提出された物件の預かりの手続のほか、課税庁が帳簿書類その他の物件の「提示」「提出」を求めることができることが法令上明確化されました。

〔平成25年1月1日以後に新たに納税者に対して開始する調査について適用されます(ただし、納税者から提出された物件の預かりの手続については、平成25年1月1日以後に提出された帳簿書類その他の物件から適用)。〕

(2) 更正の請求期間の延長等

納税者が申告税額の減額を求めることができる「更正の請求」の期間(改正前:原則1年)が5年に延長されました。

併せて、課税庁による増額更正の期間(改正前:原則3年)が5年に延長されました。

〔平成23年12月2日以後に法定申告期限が到来する年(度)分について適用されます。〕

(3) 処分の理由附記等

全ての処分(申請に対する拒否処分及び不利益処分)について理由附記を実施することとされました。

〔平成25年1月1日以後に行う処分から実施します。〕

ただし、現在記帳・帳簿等保存義務が課されていない個人の白色申告者に対する理由附記については、記帳・帳簿等保存義務の拡大と併せて実施することとされました。

〔平成26年1月1日以後に行う処分から実施します。〕

問2 税務署の担当者から電話で申告書の内容に問題がないか確認して、必要ならば修正申告書を提出するよう連絡を受けましたが、これは調査な

のでしょうか。

　調査は、特定の納税者の方の課税標準等又は税額等を認定する目的で、質問検査等を行い申告内容を確認するものですが、税務当局では、税務調査の他に、行政指導の一環として、例えば、提出された申告書に計算誤り、転記誤り、記載漏れ及び法令の適用誤り等の誤りがあるのではないかと思われる場合に、納税者の方に対して自発的な見直しを要請した上で、必要に応じて修正申告書の自発的な提出を要請する場合があります。このような行政指導に基づき、納税者の方が自主的に修正申告書を提出された場合には、延滞税は納付していただく場合がありますが、過少申告加算税は賦課されません（当初申告が期限後申告の場合は、無申告加算税が原則5％賦課されます。）。

　なお、税務署の担当者は、納税者の方に調査又は行政指導を行う際には、具体的な手続に入る前に、いずれに当たるのかを納税者の方に明示することとしています。

2　質問検査権・留置き（預かり）に関する事項

> **問3**　正当な理由がないのに帳簿書類等の提示・提出の求めに応じなければ罰則が科されるということですが、そうなると事実上は強制的に提示・提出が求められることにならないでしょうか。

　帳簿書類等の提示・提出をお願いしたことに対し、正当な理由がないのに提示・提出を拒んだり、虚偽の記載をした帳簿書類等を提示・提出した場合には、罰則（1年以下の懲役又は50万円以下の罰金）が科されることがありますが、税務当局としては、罰則があることをもって強権的に権限を行使することは考えておらず、帳簿書類等の提示・提出をお願いする際には、提示・提出が必要とされる趣旨を説明し、納税者の方の理解と協力の下、その承諾を得て行うこととしています。

> 問4　提出される物件が、調査の過程で調査担当者に提出するために新たに作成された写しである場合には、留置きには当たらないとのことですが、自己の事業の用に供するために調査前から所有している物件が写しである場合（取引書類の写しなど）であっても、留置きには当たらないのでしょうか。

　調査の過程で調査担当者に提出するために新たに作成した帳簿書類等の写し（コピー）の提出を受けても留置きには当たらないこととしているのは、通常、そのような写し（コピー）は返還を予定しないものであるためです。他方、納税者の方が事業の用に供するために保有している帳簿書類等の写し（コピー）をお預かりする場合は、返還を予定しないものとは言えませんから、留置きの手続によりお預かりすることとなります。

> 問5　提示・提出を求められた帳簿書類等の物件が電磁的記録である場合には、どのような方法で提示・提出すればよいのでしょうか。

　帳簿書類等の物件が電磁的記録である場合には、提示については、その内容をディスプレイの画面上で調査担当者が確認し得る状態にしてお示しいただくこととなります。

　一方、提出については、通常は、電磁的記録を調査担当者が確認し得る状態でプリントアウトしたものをお渡しいただくこととなります。また、電磁的記録そのものを提出いただく必要がある場合には、調査担当者が持参した電磁的記録媒体への記録の保存（コピー）をお願いする場合もありますので、ご協力をお願いします。

　　（注）　提出いただいた電磁的記録については、調査終了後、確実に廃棄（消去）することとしています。

> 問6　帳簿書類等の提示・提出の求めに対して、正当な理由なく応じない場合には罰則が科されるとのことですが、どのような場合に正当な理由があるとされるのですか。

　どのような場合が正当な理由に該当するかについては、個々の事案に即して具体的に判断する必要がありますし、最終的には裁判所が判断することとなりますから、確定的なことはお答えできませんが、例えば、提示・提出を求めた帳簿書類等が、災害等により滅失・毀損するなどして、直ちに提示・提出することが物理的に困難であるような場合などがこれに該当するものと考えられます。

> 問7　法人税の調査の過程で帳簿書類等の提示・提出を求められることがありますが、対象となる帳簿書類等が私物である場合には求めを断ることができますか。

　法令上、調査担当者は、調査について必要があるときは、帳簿書類等の提示・提出を求め、これを検査することができるものとされています。
　この場合に、例えば、法人税の調査において、その法人の代表者名義の個人預金について事業関連性が疑われる場合にその通帳の提示・提出を求めることは、法令上認められた質問検査等の範囲に含まれるものと考えられます。
　調査担当者は、その帳簿書類等の提示・提出が必要とされる趣旨を説明し、ご理解を得られるよう努めることとしていますので、調査へのご協力をお願いします。

> 問8　調査対象となる納税者の方について、医師、弁護士のように職業上の守秘義務が課されている場合や宗教法人のように個人の信教に関する情報を保有している場合、業務上の秘密に関する帳簿書類等の提示・提出を

> 拒むことはできますか。

　調査担当者は、調査について必要があると判断した場合には、業務上の秘密に関する帳簿書類等であっても、納税者の方の理解と協力の下、その承諾を得て、そのような帳簿書類等を提示・提出いただく場合があります。

　いずれの場合においても、調査のために必要な範囲でお願いしているものであり、法令上認められた質問検査等の範囲に含まれるものです。調査担当者には調査を通じて知った秘密を漏らしてはならない義務が課されていますので、調査へのご協力をお願いします。

> **問9**　X年度の税務調査を行うという事前通知を受けましたが、調査の過程でX年度よりずっと以前の帳簿書類等を提示するよう求められました。これはX年度以外の税務調査を行っていることになりませんか。

　例えば、X年度の減価償却費の計上額が正しいかどうかを確認するため、その資産の取得価額を確認するために取得年度の帳簿書類等を検査する必要があるといった場合のように、調査担当者がX年度の申告内容を確認するために必要があると判断したときには、X年度以外の帳簿書類等の提示等をお願いすることがあります。

　これはあくまでもX年度の調査であって、X年度以外の調査を行っているわけではありません。

> **問10**　調査担当者から、提出した帳簿書類等の留置き（預かり）を求められました。その必要性について納得ができなくても、強制的に留め置かれることはあるのですか。

　税務調査において、例えば、納税者の方の事務所等に十分なスペースがない場合や検査の必要がある帳簿書類等が多量なため検査に時間を要する場合のよ

うに、調査担当者が帳簿書類等を預かって税務署内で調査を継続した方が、調査を円滑に実施する観点や納税者の方の負担軽減の観点から望ましいと考えられる場合には、帳簿書類等の留置き（預かり）をお願いすることがあります。

　帳簿書類等の留置き（預かり）は、帳簿書類等を留め置く必要性を説明した上、留め置く必要性がなくなるまでの間、帳簿書類等を預かることについて納税者の方の理解と協力の下、その承諾を得て行うものですから、承諾なく強制的に留め置くことはありません。

> **問11** 留置き（預かり）に応じた場合でも、申し出れば直ちに返還してもらえますか。
> 　また、返還を求めたにもかかわらず返還されない場合、不服を申し立てられますか。

　法令上、留め置いた帳簿書類等については、留め置く必要がなくなったときは遅滞なく返還すべきこととされています。

　また、帳簿書類等の提出をされた方から、お預かりしている帳簿書類等を業務で使用する必要がある等の理由で返還を求められた場合には、特段の支障がない限り速やかに返還しますが、例えば、留め置いた書類が大量にあり、そのコピーに時間がかかる場合のように、直ちに返還すると調査の適正な遂行に支障がある場合には、しばらく返還をお待ちいただくこともあります。

　なお、返還をお待ちいただく場合には、引き続き留置きをさせていただく旨とその理由をご説明しますが、これに納得できないときは、留置き（預かり）を行っている職員が税務署に所属する職員である場合には、税務署長に異議を申し立てることができます。

3　事前通知に関する事項

> 問12　希望すれば、事前通知を書面で行ってもらうことはできますか。

　実地の調査の事前通知の方法は法令上は規定されておらず、原則として電話により口頭で行うこととしています。また、通知の際には、通知事項が正確に納税者の方に伝わるように丁寧に行うこととしています。
　なお、電話による事前通知が困難と認められる場合は、税務当局の判断で書面によって事前通知を行う場合もありますが、納税者の方からの要望に応じて事前通知内容を記載した書面を交付することはありません。

> 問13　事前通知は、調査の何日くらい前に行われるのですか。

　実地の調査を行う場合の事前通知の時期については、法令に特段の規定はなく、また、個々のケースによって事情も異なりますので、何日程度前に通知するかを一律にお示しすることは困難ですが、調査開始日までに納税者の方が調査を受ける準備等をできるよう、調査までに相当の時間的余裕を置いて行うこととしています。

> 問14　税務代理をお願いしている税理士がいるので、その税理士にも事前通知を行うようお願いしたいのですが、何か手続が必要でしょうか。

　法令上、実地の調査の対象となる納税者の方に税務代理権限証書を提出している税理士等（以下「税務代理人」といいます。）がいる場合には、納税者の方ご本人に加え、その税務代理人の方に対しても事前通知を行うこととされています。したがって、特別の手続は不要です。
　なお、事前通知事項のうち、調査の対象となる税目・課税期間等の事前通知事項の詳細については税務代理人を通じて聞くことにしたいという要望がある

場合には、調査担当者が事前通知を行うための連絡をした際にその旨をお伝えください。

> **問15** 事前通知を受けた調査開始日時については、どのような場合に変更してもらえるのですか。

　税務調査の事前通知に際しては、あらかじめ納税者の方や税務代理人の方のご都合をお尋ねすることとしていますので、その時点でご都合が悪い日時が分かっている場合には、お申し出ください。お申し出のあったご都合や申告業務、決算業務等の納税者の方や税務代理人の方の事務の繁閑にも配慮して、調査開始日時を調整することとしています。
　また、事前通知後においても、通知した日時について、例えば、一時的な入院、親族の葬儀、業務上やむを得ない事情が生じた場合等には、申し出ていただければ変更を協議します。
　なお、例示した場合以外でも、理由が合理的と考えられれば変更を協議しますので、調査担当者までお申し出ください。

> **問16** 事前通知の際には、なぜ実地の調査が必要なのかについても説明してもらえるのですか。

　法令上、調査の目的（例えば、提出された申告書の記載内容を確認するため）については事前通知すべきこととされていますが、実地の調査を行う理由については、法令上事前通知すべき事項とはされていませんので、これを説明することはありません。

> **問17** 事前通知の際には、調査に要する時間や日数、臨場する調査担当者の人数は教えてもらえるのですか。

調査に要する時間や日数は調査開始後の状況により異なってきますので、事前通知の時点であらかじめお知らせすることは困難であることをご理解願います。

　なお、調査の臨場が複数回に及ぶこととなる場合には、調査開始後に納税者の方のご都合をお尋ねしたところで、次回以降の臨場日などを調整いたします。

　また、調査開始日時に複数の調査担当者が臨場する場合は、事前通知に際し、調査担当者を代表する者の氏名・所属官署に加え、臨場予定人数も併せて連絡することとしています。

問18 実地の調査が行われる場合には必ず事前通知がなされるのですか。

　実地の調査を行う場合には、原則として、調査の対象となる納税者の方に対して、調査開始前に相当の時間的余裕を置いて、電話等により、実地の調査を行う旨、調査を開始する日時・場所や調査の対象となる税目・課税期間、調査の目的などを通知します。

　ただし、法令の規定に従い、申告内容、過去の調査結果、事業内容などから、事前通知をすると、①違法又は不当な行為を容易にし、正確な課税標準等又は税額等の把握を困難にするおそれ、又は、②その他、調査の適正な遂行に支障を及ぼすおそれがあると判断した場合には、事前通知をしないこともあります。

　なお、事前通知が行われない場合でも、運用上、調査の対象となる税目・課税期間や調査の目的などについては、臨場後速やかに説明することとしています。

問19 事前通知なしに実地の調査が行われた場合、事前通知が行われなかった理由の説明はありますか。また、事前通知をしないことに納得できない場合には不服を申し立てられますか。

　法令上、事前通知を行わないこととした理由を説明することとはされていま

せん。ただし、事前通知が行われない場合でも、運用上、調査の対象となる税目・課税期間や調査の目的などについては、臨場後速やかに説明することとしています。

また、事前通知をしないこと自体は不服申立てを行うことのできる処分には当たりませんから、事前通知が行われなかったことについて納得いただけない場合でも、不服申立てを行うことはできません。

> **問20** 実地の調査以外の調査が行われる場合には、調査の対象となる税目・課税期間や調査の目的等についての説明は受けられないのですか。

税務当局では、実地の調査以外にも、税務署にお越しいただいて申告内容を確認するなどの方法で調査を行う場合があります。このような実地の調査以外の調査を行う場合は、法令上は事前通知は求められていませんが、運用上の対応として、来署等を依頼するための連絡の際などに、調査の対象となる税目・課税期間や調査の目的等を説明することとしています。

> **問21** 取引先等に対する調査を実地の調査として行う場合には、事前通知は行われないのですか。

税務当局では、取引先など納税者の方以外の方に対する調査を実施しなければ、納税者の方の申告内容に関する正確な事実の把握が困難と認められる場合には、その取引先等に対し、いわゆる反面調査を実施することがあります。

いわゆる反面調査の場合には、事前通知に関する法令上の規定はありませんが、運用上、原則として、あらかじめその対象者の方へ連絡を行うこととしています。

　（注）　一部の間接諸税については、納税者の方以外の方に対する調査の場合でも、原則として事前通知を行うことが法令上規定されています。

4 調査終了の際の手続

> **問22** 更正決定等をすべきと認める場合は調査結果の内容が説明されることとなっていますが、その内容を記載した書面をもらうことはできますか。

　調査の結果、更正決定等をすべきと認められる非違がある場合には、納税者の方に対し、更正決定等をすべきと認める額やその理由など非違の内容を説明します。
　法令上は説明の方法は明示されておらず、説明は原則として口頭で行いますが、必要に応じて、非違の項目や金額を整理した資料など参考となるものを示すなどして、納税者の方に正しく理解いただけるよう十分な説明を行うとともに、納税者の方から質問等があった場合には分かりやすい説明に努めます。
　なお、調査が電話等によるもので、非違の内容が書面での説明でも十分にご理解いただけるような簡易なものである場合には、納税者の方にその内容を記載した書面を送付することにより調査結果の内容説明を行うこともありますが、納税者の方からの要望に応じて調査結果の内容を記載した書面を交付することはありません。

> **問23** 調査結果の内容説明を受けた後、調査担当者から修正申告を行うよう勧奨されましたが、勧奨には応じなければいけませんか。また、勧奨に応じないために不利な取扱いを受けることはないのでしょうか。

　調査の結果、更正決定等をすべきと認められる非違がある場合には、その内容を説明する際に、原則として、修正申告（又は期限後申告）を勧奨することとしています。これは、申告に問題がある場合には、納税者の方が自ら是正することが今後の適正申告に資することとなり、申告納税制度の趣旨に適うものと考えられるためです。
　この修正申告の勧奨に応じるかどうかは、あくまでも納税者の方の任意の判

参考資料

断であり、修正申告の勧奨に応じていただけない場合には、調査結果に基づき更正等の処分を行うこととなりますが、修正申告の勧奨に応じなかったからといって、修正申告に応じた場合と比較して不利な取扱いを受けることは基本的にはありません。

なお、修正申告を行った場合には、更正の請求をすることはできますが、不服申立てをすることはできませんので、こうした点をご理解いただいた上で修正申告を行ってください。

> 問24　調査が終了し、修正申告の勧奨を受けた際に、修正申告をすると不服の申立てはできないが、更正の請求をすることはできる旨の説明を受けました。これはどういう意味ですか。

不服申立ては、税務当局が行った更正等の処分の課税標準等又は税額等が過大であると納税者の方が考える場合に、税務当局に対し処分の取消しなどを求めるための手段です。一方、更正の請求は、納税者の方が行った申告の課税標準等又は税額等が過大であったと納税者の方が考える場合に、当局に対し、申告した課税標準等又は税額等を減額する更正を行うことを求めるための手段です。

例えば、いったんは調査結果の内容説明に納得して修正申告を行ったものの、その後にその修正申告に誤りがあると考えられる場合、その修正申告は税務当局の処分によるものではありませんから、不服申立てという手段はとれませんが、一定期間内であれば、更正の請求という手段をとることはできます。

なお、更正の請求に際しては、例えば、正しいと考える税額や更正の請求をする理由など法令で定められた事項を「更正の請求書」に記載するとともに、請求の理由の基礎となる「事実を証明する書類」を併せて提出していただく必要がありますので、ご留意ください。

> 問25　税務代理をお願いしている税理士がいるので、調査結果の内容の説

> 明等はその税理士に対して行ってほしいのですが、何か手続は必要でしょうか。

　調査結果の内容の説明等は、納税者の方に税務代理人がいる場合でも、原則として、納税者の方に対して行いますが、納税者の方の同意があれば、税務代理人に対してのみ説明等を行うこともあります。
　したがって、税務代理人のみへの説明等を希望する場合には、調査担当者に対し、電話又は対面によりその旨をお伝えいただくか、税務代理人を通じて税務代理人への説明を同意する書面を提出していただくことが必要になります。
　なお、納税者の方に調査結果の内容の説明を行う場合でも、税務代理人の同席のもとに調査結果の内容の説明を行うことや、別途、税務代理人にも調査結果の内容の説明を行うことも可能です。

5　再調査

> **問26**　実地の調査が終了し、「更正決定等をすべきと認められない」旨を通知する書面を受け取りましたが、今後は調査を受けることはないのでしょうか。

　ある税目・課税期間について調査を行った場合には、調査の結果、更正決定等をすべきと認められなかったか否かにかかわらず、原則として、その税目・課税期間について再度の調査を実施することはありません。
　ただし、例えば、調査終了後に行われた取引先の税務調査で、当初の調査の際には把握されていなかった非違があることが明らかになった場合のように、法令上定められている「新たに得られた情報に照らして非違があると認めるとき」との要件に該当する場合は、既に調査の対象となった税目・課税期間であっても再調査を実施することがあります。

> **問27** 過去に調査対象となった税目・課税期間について再調査が行われる場合、なぜ再調査が行われるのかについて説明してもらえるのでしょうか。

　過去に調査を行った税目・課税期間であっても、例えば、取引先の税務調査により非違につながる情報を把握した場合には、再度、同じ税目・課税期間について調査を行うことがあります。このような場合には、再調査することにつき原則として事前通知を行いますが、当初の調査の場合と同様、再調査を行う理由については説明することはありません。

6　理由附記

> **問28** 国税通則法の改正により処分の理由附記の対象が拡大されたとのことですが、具体的にはこれまでとどのような違いがありますか。

　これまで処分の理由附記は、所得税及び法人税の青色申告者に対する更正処分など一定の処分が対象とされていましたが、今般の国税通則法の改正により、理由附記の対象が、国税に関する法律に基づく申請に対する拒否処分又は不利益処分全体に拡大されました。
　したがって、今後は、例えば、白色申告者等に対する更正処分を行う場合（推計による更正の場合を含みます。）にも、理由が附記されることになります。また、加算税の賦課決定については、従来は青色申告者に対する場合でも理由附記の対象とはなっていませんでしたが、今後は白色申告者等に対する場合を含め理由が附記されることとなります。
　なお、この理由附記の対象が拡大される時期は、原則として、平成25年1月1日以後に行われる更正処分や加算税の賦課決定処分から対象となりますが、個人の白色申告者等に対しては経過措置があり、個人の白色申告者等のうち、①平成20年から25年までのいずれかの年において記帳義務・記録保存義務が

あった方等は平成25年1月から、②それ以外の方は平成26年1月から、理由附記を実施することとされています。

　（参考）　平成23年度税制改正大綱においては、個人の白色申告者等に対する更正等に係る理由附記について、「平成25年1月以後、現行の白色申告者に係る記帳義務・記録保存義務の水準と同程度の記帳・記録保存を行っている者については、運用上、平成25年1月以後、理由附記を実施するよう努めることとします。」とされているところです。

　この「運用上の対応」として、平成20年から25年までのいずれかの年において記帳義務・記録保存義務があった方に加えて、平成25年1月1日以後の現況により、現行の記帳義務・記録保存義務の内容を充足していると認められる方に対する更正等に係る理由附記については、平成25年1月から実施することとします。

> **問29**　「記帳・帳簿等の保存が十分でない白色申告者に対しては、その記帳・帳簿等の保存状況に応じて理由を記載する」（平成23年度税制改正大綱）とありますが、どのように記載されるのですか。

　理由の記載に当たっては、記帳や帳簿等の保存が十分な事業所得者等の場合には、帳簿等と対比して、具体的な取引内容を明らかにして、根拠を示すことになる一方で、記帳・帳簿等の保存が十分でない白色申告者に対しては、例えば、勘定科目ごとに申告漏れ総額を根拠とともに示すなど、平成23年度税制改正大綱の趣旨等を踏まえ、記帳や帳簿等の保存の程度に応じて、納税者の方がその記載内容から了知し得る程度に理由附記することとしています。

7　その他

> **問30**　調査の過程で、事前通知を受けた税目・課税期間以外にも調査が及ぶこととなった場合には、調査の対象を拡大する旨や理由は説明してもら

えるのですか。また、調査の対象が拡大することに対して納得できない場合には、不服を申し立てられますか。

　実地の調査を行う過程で、把握された非違と同様の誤りが事前通知をした調査対象期間より以前にも発生していることが疑われる場合のように、事前通知した事項以外の事項について非違が疑われた場合には、事前通知した事項以外の事項について調査を行うことがあります。
　この場合には、納税者の方に対し、調査対象に追加する税目、課税期間等について説明し理解と協力を得た上で行いますが、当初の調査の場合と同様、追加する理由については説明することはありません。
　また、調査を行うこと自体は不服申立てを行うことのできる処分には当たりませんから、仮に事前通知事項以外の事項を調査することの必要性についてご納得いただけない場合でも、不服申立てを行うことはできません。

問31　税務代理をお願いしている税理士はいませんが、日頃、記帳事務を手伝ってもらっている方（記帳補助者）がいます。その方に調査の現場に立ち会ってもらうことはできますか。

　調査に立ち会って、税務当局に対して納税者の方の代わりに調査につき主張・陳述を行うことは税務代理行為に当たりますから、原則として、税務代理人しか行うことはできません。
　また、単に調査に立ち会うだけであっても、第三者が同席している状態で調査を行うことで調査担当者に課せられている守秘義務に抵触する可能性がある場合には、税務代理人以外の第三者の立会いはお断りしています。
　ただし、その方が、日頃、納税者の方の記帳事務等を担当しているような場合には、調査を円滑に進めるために、調査担当者が必要と認めた範囲で調査に同席いただくことはあります。

附録Ⅶ 税務調査手続に関する FAQ（税理士向け）

> 問1　税務代理人として顧客納税者の方から税務調査への対応を全て任されている場合には、税務署から納税者の方への事前通知は、直接ではなく、税務代理人を通じて行ってもらうことは可能ですか。

　納税者の方に税務代理権限証書を提出している税理士等（以下「税務代理人」といいます。）がいる場合で、納税者の方から事前通知事項の詳細は税務代理人を通じて通知しても差し支えない旨の申立てがあったときには、納税者の方には実地の調査を行うことのみを通知し、その他の事前通知事項は税務代理人を通じて通知することとします。
　なお、税務代理人がいる場合であっても、少なくとも、実地の調査を実施することについては、税務当局から納税者の方に直接通知することになります。

> 問2　税務代理人として顧客納税者の方に対し事前通知の内容を伝える際、正確を期するため、事前通知事項の内容を記載した書面を交付してもらうことはできますか。

　実地の調査の事前通知の方法については法令上は規定されておらず、事前通知は原則として電話により口頭で行うこととしているため、要望によって事前通知内容を記載した書面を交付することはありません。
　なお、納税者の方に直接電話による事前通知を行うことが困難と認められる場合は、税務当局から直接納税者の方に事前通知事項の内容を記載した書面を郵送することもありますので、調査担当者にご相談ください。

> 問3　納税者の方に対し事前通知がなされた後に税務代理の委嘱を受けた

場合、税務代理人として追加的に事前通知を受けられますか。また、その場合でも、税務代理人につき合理的な理由があれば調査開始日時等の変更を求めることができますか。

税務代理権限証書が提出された時点が、納税者の方に対して事前通知した調査開始日時より前である場合には、新たに税務代理人となった方にも事前通知を行うこととしています。また、新たに税務代理人となった方に関し、調査開始日時等の変更を求める合理的な理由がある場合には、申し出ていただければ、変更を協議します。

問4 税理士法において印紙税に関する税務代理は認められていませんが、他の税目につき税務代理人となっている顧客納税者の方について印紙税の実地調査が行われる場合でも、税理士には事前通知はされないのですか。調査結果の内容の説明についてはどうですか。

印紙税について税務代理人となることはありませんから、例えば、法人税につき税務代理人となっている顧客納税者の方について、印紙税について実地の調査を行う場合には、印紙税の調査に関する事前通知及び調査結果の内容説明等とも、納税者の方に対して行うこととなります。

問5 納税者の方の同意がある場合には、税務代理人は顧客納税者の代わりに調査結果の内容説明等を受けられることとなっていますが、税務代理権限証書を提出していれば同意があるとされるのでしょうか。税務代理権限証書に同意がある旨を明記した場合はどうでしょうか。

調査結果の内容説明等は、納税者の方に税務代理人がいる場合でも、原則として納税者の方ご本人に対して行います。

ただし、当該調査結果の内容の説明を、納税者の方に代わって税務代理人に

説明して欲しいという納税者の方の明確な意思表示がある場合には、納税者の方に代わって税務代理人に調査結果の内容の説明を行うこととしています。

したがって、調査担当者は、税務代理権限証書が提出されている場合であっても、調査結果の内容説明等を行う前に、納税者の方に直接同意の事実を確認する方法、又は税務代理人を通じて同意の事実を証する書面の提出を求める方法により、納税者の方の同意があることを確認することとしています。また、仮に税務代理権限証書に同意する旨が明記されていても、改めて、調査結果の内容説明等を行う時点で同意の有無を確認します。

なお、実地の調査以外の調査の場合には、調査結果の内容説明等の時点で納税者の方の同意を直接確認することが困難なときもありますから、そのようなときには、税務代理人を通じて納税者の方の意向を確認できれば、税務代理人に対して説明を行うこととしています。

> 問6　一人の納税者の方に複数の税務代理人がいる場合、事前通知は全ての税務代理人に行われるのでしょうか。また、調査結果の内容説明等を税務代理人に行う場合はどうなりますか。

実地の調査の相手方となる納税者の方に税務代理人が複数ある場合には、納税者の方と併せて、全ての税務代理人に事前通知を行います。

また、調査結果の内容説明等について、国税通則法第74条の11第5項に基づき、納税者の方への説明等に代えて税務代理人に説明等を行う際は、納税者の方の同意を確認する際に、いずれの税務代理人に対して説明等を行うべきかを併せて確認し、指名された税務代理人に対して調査結果の内容説明等を行います。

著者略歴

加地宏行（かじひろゆき）（税理士）

昭和61年　京都産業大学経営学部　卒業後、
国税庁、大阪国税局及び同国税局管内各税務署において法人課税事務に従事
大阪国税局資料調査課、国税庁法人課税課　特命担当チーフ、
大阪国税局法人課税課　審査企画係長
平成16年　退職後、税理士登録
平成20年　桜美会　常任幹事・大阪商業大学　非常勤講師就任
平成21年　行政書士登録
現在　加地宏行税理士・行政書士事務所　所長
大阪府大阪市中央区谷町4丁目5番9号

吉村政勝（よしむらまさかつ）（税理士）

昭和50年　立命館大学法学部　卒業
大阪国税局及び同国税局管内各税務署に勤務
大阪国税局資産課税課　実務指導専門官、堺税務署副署長、
西税務署長、大阪国税局主任国税訟務官、葛城税務署長を歴任
平成24年　税理士登録
現在　吉村政勝税理士事務所　所長
大阪市西区新町1-7-22　ライオンズビル四ツ橋503号

これで安心！税務調査／相続税調査の手続と対応

2013年3月14日　発行

著　者	加地　宏行／吉村　政勝 ©
発行者	小泉　定裕
発行所	株式会社　清文社 東京都千代田区内神田1-6-6（MIFビル） 〒101-0047　電話 03(6273)7946　FAX 03(3518)0299 大阪市北区天神橋2丁目北2-6（大和南森町ビル） 〒530-0041　電話 06(6135)4050　FAX 06(6135)4059 URL http://www.skattsei.co.jp/

印刷：亜細亜印刷㈱

■著作権法により無断複写複製は禁止されています。落丁本・乱丁本はお取り替えします。
■本書の内容に関するお問い合わせは編集部までFAX(06-6135-4056)でお願いします。

ISBN978-4-433-52602-3